I0826502

El Matrimonio según Dios

Principios y leyes para un matrimonio exitoso

Jorge y Lorena Gamboa

Free in Christ Ministries International
Ministerios Libres en Cristo

Primera edición como manual de enseñanza 1999

A menos que se indique lo contrario, todas las citas Bíblicas han sido tomadas de la Versión Reina Valera (VRV) de la *Santa Biblia.* Anotaciones bíblicas marcadas como (NVRV) han sido tomadas de : *La Nueva Versión Reina Valera.*

Diseño de la Cubierta y edición de texto:
FicmiProductions Media Center
Free in Christ Ministries Intl. Inc.
www.ficmiproductions.com

ISBN: 978-0-9824981-5-6

Printed in the United States of America

Dedicamos este libro a todos los matrimonios que han atravesado problemas, tormentas y situaciones difíciles y han permanecido unidos.

A todos los matrimonios que están enfrentando pruebas pero que sinceramente están buscando una salida en el Señor para no renunciar.

A todos los jóvenes que leerán este libro con ansias de edificar sus futuros matrimonios "sobre la roca" que es Cristo!

A todos aquellos que están atravesando un divorcio o una separación, les dejamos saber que Jesús es el único que puede llenar su vacío y el único que puede completarte y hacerte feliz.

Introducción

El Matrimonio según Dios es un libro basado en principios bíblicos que tienen como meta el desarrollar familias y matrimonios sanos, que lleven mucho fruto y generen relaciones interpersonales saludables.

Es nuestro objetivo que las parejas permitan al Espíritu Santo que les sane de toda herida y raíz emocional, producidas por relaciones rotas y experiencias dolorosas del pasado.

Existen varios aspectos importantes que estudiaremos a lo largo de este escrito, que conllevan a la obtención de beneficios bíblicos para la Familia cristiana.

Teniendo una relación de pareja fuerte, robusta y sana, desarrollaremos familias sanas, hijos sanos y una sociedad mejor. Podremos servir a Dios de manera efectiva y ser fructíferos.

Trataremos varios aspectos relacionados con la pareja, el matrimonio, y la familia. Esperamos que usted encuentre luz en la palabra de Dios, para que le anime a vivir una vida agradable a El.

Índice

Capítulo Uno

Leyes y Principios Bíblicos

El Principio del desapego
El Principio de una sola carne
El divorcio
Divorcio y Nuevo Casamiento

Leyes y Principios Bíblicos

"... por tanto, dejará el hombre a su padre y a su madre, y se unirá a su mujer, y serán una sola carne..." (Génesis 2:24)

En el principio, Dios creo todo perfecto; y ambos, hombre y mujer, eran seres que no tenían un pasado. El Señor sabía que para entrar a una relación duradera, era necesario que a ninguno de los dos los ataran los recuerdos ni las heridas ni las ataduras familiares.

En el libro del Génesis, se nos dice claramente el diseño de Dios para el matrimonio y su propósito.

Primero el hombre deberá dejar a sus padres y luego se unirá a su mujer y serán una sola carne. Este es un misterio divino que merece toda nuestra atención.

Existen dos verbos activos en este pasaje, y una verdad muy profunda en solo este verso.

La raíz hebrea del verbo "DEJAR" es yathar: dejar atrás o abandonar. En el griego es *Kataleipo* que significa: dejar en pos de sí, abandonar; dejar a un lado. Esto no significa que la pareja va a olvidarse de sus padres ni los abandonará en el sentido de olvidarse de ellos, sino que su orden de prioridades cambiará. Ahora la prioridad no son los familiares sino el cónyuge. El orden de prioridades divino para la pareja es:

1- Primero Dios. Nuestra relación personal con El. No de manera religiosa sino verdadera; en espíritu y en verdad. Hablar con El y mantener comunicación con El. Jesús dijo: --"*Amarás al Señor tu Dios con todo tu corazón, con toda tu alma y con toda tu mente.* Este es el primero y grande mandamiento" Mateo 22:37

2– Segundo: nosotros mismos. Si uno no se ama a uno mismo, no podrá amar al prójimo (al próximo o más cercano, en este caso el cónyuge) *Jesús dijo: "Y el segundo es semejante: "Amarás a tu prójimo como a ti mismo" Mateo 22:39*

3– Tercero: el cónyuge. Ya todo lo demás ocupa otro lugar en nuestra vida, pero si estas tres posiciones más importantes cambian de lugar, el matrimonio sufrirá las consecuencias. Más adelante profundizaremos en esto.

El Principio del desapego:

Este principio lo encontramos en: Marcos 10:7 - Efesios 5:31 que dice:

"Por esto dejará el hombre a su padre y a su madre, y se unirá a su mujer".

Según la Biblia, es la voluntad de Dios que cada pareja forme su propio núcleo familiar, totalmente separado de sus respectivas familias.

Debemos preparar a nuestros hijos varones a dejar el nido para que algún día conformen su propio núcleo familiar. A nuestras hijas las damos en casamiento, pero a nuestros hijos varones los enseñamos a elevarse como las águilas y formar su propio nido.

Esto no significa que uno debe enemistarse con los padres y dejar de honrarlos. Lo que significa es que se debe hacer una separación de pensamiento y de acción, de manera amorosa con respecto a la casa de los padres. Significa que ahora usted es leal a su cónyuge antes que a sus padres. Su cónyuge está antes que ellos. Los otros familiares pasan a un último plano.

Ahora, querida hermana, el héroe ya no es su papá sino su esposo. Y queridos hermanos, su esposa merece su alabanza en las cosas que hace. No compare su comida con la de su mamá, ni compare sus actuaciones con las de su mamá. Usted se casó con su esposa, y se unió a ella en todos los aspectos. Ahora son una sola carne. Lo que a ella le duela, le dolerá a usted, lo que a ella le hiera, lo herirá a usted. Defiéndala, ámela y respétela. La Biblia nos dice en Efesios 5:28-30 *"los maridos deben amar a sus mujeres como a sus mismos cuerpos. El que ama a su mujer, a sí mismo se ama. Porque nadie aborreció jamás a su propia carne, sino que la sustenta y la cuida, como también Cristo a la iglesia"*.

El principio del desapego, es positivo. Dios sabe que puedes lograrlo, y que puedes llegar a la meta que él te ha trazado. Dios te creó con todo lo necesario para que pudieras triunfar. Dios te creó para que dependieras sólo de Él, no de tus padres, o familiares.

Por lo tanto El te manda, varón, a unirte a tu mujer. Es una unión de dos. El matrimonio es de dos y solamente de dos. Entre un hombre y una mujer. Dios quiere que tengamos exclusividad, unión, permanencia y fidelidad en nuestro matrimonio.

Todo lo que poseen es de ambos. Recuerden que son UNO SOLO.

El Principio del ser una sola carne

El pasaje del Génesis nombrado al principio, también lo encontramos en el Nuevo Testamento. Específicamente en Mateo 19:5 y allí la raíz griega del verbo "UNIR" es *Suzeugnumi* que significa: enganchar, unirse en yugo, aparearse. Estar íntimamente unido. Literalmente: unido por matrimonio. De ahí proviene la palabra cónyuge: con yugo.

Esta palabra está compuesta por dos expresiones que van unidas: SUN: al lado de, en común acuerdo, con la ayuda de. Estar unidos por asociación, compañerismo, instrumentalidad. ZEUGOS: equipo, par de balanzas, yunta.

Por lo tanto, la definición de matrimonio según los términos arriba mencionados sería:

El hombre, al lado de su compañera y asociada formará una asociación o empresa en compañerismo; compartiendo y añadiendo sus talentos y habilidades, conformando un equipo y pareja de balance, unidos por un mismo yugo y convirtiéndose en uno solo.

Cuando el hombre y la mujer se unen, ocurre un milagro. La palabra original en el griego koiné que ha sido usada para el verbo unir es **PROSKOLAO**. Este verbo consta de dos raíces griegas. Pros y KOLAO. PROS significa uno enfrente del otro, mantenerse cerca y a la disposición del otro. La partícula griega **KOLAO** significa: pegar con pegamento, pegar con cemento, afirmar de tal manera que no se pueda despegar. De hecho, de esta partícula se deriva la palabra castellana COLA que es el pegamento o goma que usamos.

Cuando los esposos se unen en matrimonio, ocurre el milagro del **APEGO Y LA FUSION**. Por eso es que el matrimonio es un pacto que no se puede romper.

Marcos 10:9 dice: *"Por tanto, lo que Dios juntó, no lo separe el hombre."* De nuevo la palabra en el texto original significa: lo que Dios enyugó. A quienes Dios casó, que la humanidad no los divorcie ni separe. Eso es lo que dice el original en el griego koiné.

Tenemos que ser conscientes de la importancia que tiene para Dios nuestro matrimonio. Y cuando entendamos que esa unión ha sido hecha directamente por Dios, lo pensaremos dos veces para querer separarla.

¿Qué sucedería si usted pegara dos hojas de madera una contra otra y después de que están completamente pegadas usted intentara separarlas? ¿Qué sucedería?

Definitivamente que una de las dos, o las dos, sufrirían quebraduras. Siempre se notaría el pedazo de madera adherido al otro. Y aunque queramos restaurarla, la cicatriz y la señal de ese rompimiento será siempre visible.

El matrimonio es para toda la vida, hasta que la muerte nos separe. El matrimonio nació en el corazón de Dios. El creo a un hombre y a una mujer para que se juntaran en matrimonio y constituyeran la institución más importante que hasta el día de hoy puede existir sobre la tierra.

El requisito que le dio al varón fue que dejara atrás a su familia y que se **PEGARA** a su mujer y los dos fueran una sola carne.

El divorcio y nuevo casamiento

La palabra de Dios es muy clara cuando nos dice que el matrimonio es un "pacto", en Malaquías 2:14

Cualquier pacto puede ser roto (pacto escrito, hablado, entendido) pero el pacto de sangre no se rompe sino con la muerte de uno de los cónyuges.

La Biblia nos enseña que el matrimonio es para toda la vida. "*Hasta que la muerte nos separe*". Romanos 7:2-3 dice: "*que lo que Dios ha unido no lo separe el hombre*" Marcos 10:9.

Dios detesta el divorcio. El no lo inventó. Sino que fue Moisés, debido a la dureza de corazón del pueblo de Dios. *"Porque yo detesto el divorcio--dice el SEÑOR, Dios de Israel--y al que cubre de iniquidad su vestidura--dice el SEÑOR de los ejércitos--. Prestad atención, pues, a vuestro espíritu y no seáis desleales."* Malaquías 2:16

La única "razón" de peso para llevar a cabo un divorcio es la causal por "fornicación". Aunque hoy en día, igual que en los tiempos de Jesús, la gente se divorcia por cualquier causa.

RAZONES BIBLICAS PARA UN DIVORCIO:

La única "razón" de peso para llevar a cabo un divorcio es la causal por "PORNEIA". (explicado adelante)

1. Si un marido cristiano o la esposa descubren que su compañero ha cometido PORNEIA, el cónyuge que es inocente se le es permitido divorciar al cónyuge ofensor y algunos opinan que puede volver a casarse. Sin embargo esto NO lo dice claramente la Palabra de Dios.

2. ¡Si el cónyuge no creyente abandona al cristiano (no viceversa�), entonces la parte creyente es libre para divorciarse; pero no debe iniciarlo. Solo bajo estos dos puntos el divorcio es lícito.

El punto es que el matrimonio es SAGRADO delante de Dios, sea creyente el cónyuge o no. Esto es más delicado de lo que se ha enseñando por años en la iglesia; por eso el divorcio hoy en día es tan común.

El divorcio en los libros de la Ley: Moisés reconocía que los hombres estaban divorciándose de sus esposas, y les permitía dar carta de divorcio, en Deuteronomio 24:1-4. Si se hallaba algo indecente en la esposa, se daba carta de divorcio y se podía volver a casar. Malaquias 2:11 prohíbe el re-casamiento con un no-creyente. En Levítico 21:7 se le prohíbe a un sacerdote casarse con una divorciada. Muchas personas toman este pasaje como fundamento para el nuevo casamiento después de un divorcio. Jesús y el apóstol Pablo hablaron fuertemente con respecto al divorcio en Mateo 19:5-6 y Marcos 10: 6. En 1 Corintios 7:10-11 se insta a los cristianos a NO divorciarse. El único caso del que Jesús permitió el divorcio fue en caso de fornicación. La clave está en la palabra "fornicación": PORNEIA.

Los judíos, requerían que un hombre escribiera un certificado de divorcio para poder terminar un compromiso. Este fue el caso de José y María. José creyó que María había cometido fornicación con alguien más y planeaba divorciarse de ella aunque todavía no vivían juntos. (Mateo 1:19,20).

También hay eruditos que señalan que lo que Jesús dijo a estos hombres judíos Fariseos, en Mateo 19:9 es que el divorcio y el nuevo matrimonio son pecado a menos que el divorcio ocurriera en el período de compromiso judío. El compromiso sólo podría romperse si la novia había cometido fornicación con otra persona. Si el hombre se divorciaba de su novia en el período de compromiso antes de que el matrimonio ocurriera, entonces le era permisible casarse con otra. La excepción sólo aplica cuando se rompe el compromiso. "la cláusula de excepción" que aparece en Mateo 19:9 NO APARECE en otro lugar en las Escrituras. "*Así que, si en vida del marido se une a otro hombre, será llamada adúltera; pero si su marido muere, es libre de esa ley, de tal manera que si se une a otro marido, no será adúltera.*" Romanos 7:3.

"**Todo** el que repudia a su mujer (se divorcia) y se casa con otra, adultera; y el que se casa con la repudiada del marido, adultera." Lucas 16:18

Todo (πᾶς: cualquiera, todo aquel) el que se divorcia (ἀπολύω: se separa con divorcio) y se casa con otra adultera. Jesús fue muy claro: TODO EL QUE SE DIVORCIA Y SE VUELVE A CASAR COMETE ADULTERIO.

Estas palabras parecen muy fuertes, e imposibles de cumplir, por eso el matrimonio es una decisión de todos los días, y no tiene que ver con lo que sentimos.

DIVORCIO POR CUALQUIER CAUSA: El Antiguo Testamento permitió el divorcio y rotura del matrimonio por 'Cualquier Causa'. Este divorcio "por cualquier causa" fue inventado por algunos Fariseos que dividieron la frase por "causa de indecencia" (Dt.24.1) en dos planos: "la indecencia" (ἄσχημον asjemon: que ellos interpretaron como 'fornicación') y "una causa" (es decir 'Cualquier Causa'). Jesús dijo que la frase no podía ser partida y que esto no significaba nada excepto el término "porneia". Aunque casi todos usaban este nuevo tipo de divorcio "por cualquier causa", Jesús les dijo que era inválido, ya que el nuevo matrimonio era adúltero porque todavía estaban casados.

Mateo 5:31-32 trata con el divorcio, pero esto no da pie a un nuevo casamiento. En el Nuevo Testamento ***no dice*** en ninguna parte que el divorciado puede volver a casarse, aunque muchos lo impliquen. Dice claramente que: "se quede sin casar". 1 Corintios 7:11. Otros, sin embargo, alegan que la palabra griega para "divorcio" es completa anulación del matrimonio por lo que pueden volver a casarse, solo si el divorcio fue por causa de "PORNEIA", pero no hay base clara para esto. Usted podría estar pensando, "hermanos, yo ya me divorcié, y me volví a casar ¿ahora que hago? Si este es su caso, manténgase fiel a su actual cónyuge "hasta que la muerte los separe". La Biblia muestra que Dios es un Dios de pactos, y estos deben guardarse.

"Le dijeron sus discípulos: --Si así es la condición del hombre con su mujer, no conviene casarse. Jesús dijo: --No todos son capaces de recibir esto, sino aquellos a quienes es dado... El que sea capaz de recibir esto, que lo reciba." Mateo 19

PORNEIA: Jesús solamente se refirió al divorcio por PORNEIA. Porneia viene de la raíz πορνεύω que significa prostituirse, practicar relaciones ilícitas e incestuosas (entre parientes cercanos 1de Cor. 5: 1; Hechos 15: 28-29, Lev. 17-18 y 20) , entregarse a la adoración de ídolos, pecados contra naturaleza: Judas 6-7 ; Rom. 1: 26-27.

PORNEIA no es sinónimo de adulterio ni infidelidad sexual. Si Jesús hubiese querido decir "infidelidad sexual" de los cónyuges, habría usado el término adulterio (moijeia) y no porneia. Jesús no se pronunció a favor de la escuela de Shammai y por ende no favoreció el permiso de Moisés. "Porneia" indica un grado de desviación sexual mucho más grave que la fornicación y el adulterio.

Hoy en día se agregan muchas causas "válidas" para el re-casamiento, de acuerdo con su propia opinión pero que no están basadas en la palabra de Dios. Muchos también dicen que si antes de conocer al Señor alguien estuvo casado y se divorció puede volver a casarse pero NECESARIAMENTE su pareja debe ser cristiana. De nuevo, esto es un asunto de conciencia entre Dios y la persona involucrada. Nuestro deber es enseñarle a usted lo que dice la Biblia al respecto, pero usted es quien toma la decisión. Si el nuevo creyente no se separó legalmente de su pareja, sigue estando ligado legalmente a esta pareja. Por lo tanto, si se casa con otro/a hay ADULTERIO. Si el creyente entonces se "une sexualmente" a otra pareja, estarán en adulterio. *Si usted es divorciado y no se ha vuelto a casar, solamente pese las dos causales que da la palabra para estar libre y volver a casarse. Y si a pesar de todo, usted siente libertad en hacerlo...pues nadie lo obliga a no hacerlo. Eso quedará entre usted y Dios.*

Cuando desobedecemos a Dios ponemos nuestra propia vida en riesgo, porque la paga del pecado es la muerte. Romanos 6:23. Lo mejor es poner en claro toda situación turbia del pasado y hacer las cosas de acuerdo con la ley de Dios y no la de los hombres.

En el caso de que ambos esposos sean creyentes y decidan divorciarse sin causa de PORNEIA comprobada, ambos pueden separarse pero no volver a casarse. Solo tienen dos opciones: quedarse sin casar o reconciliarse.

Nota: *El Antiguo Testamento permitió el divorcio y el quebrantamiento de los votos del matrimonio, incluso por causa de abandono y abuso, basado en Exodo.21.10. Los fariseos no preguntaron a Jesús sobre estas bases bíblicas para el divorcio, aunque Pablo hace referencia a ellas en 1 Cor.7 como la base de las obligaciones dentro del matrimonio. Jesús nunca abolió estas bases bíblicas, más bien las incluyó en el término: Porneia, como veremos más adelante.*

A muchos no les agrada ser confrontados con la Palabra de Dios, e incluso tratarán de "quitar" de en medio a quienes rigorosamente señalan lo que la Biblia enseña. Lo mismo hizo Herodes con Juan el Bautista, a quien mandó a encarcelar debido a que Juan le recriminaba el hecho de haberse casado con la "esposa" de su hermano Felipe. El historiador Josefo escribió que Herodías se había divorciado de Felipe y se casó con Herodes. En Marcos 6:17-18 se establece muy claramente lo que Juan dice: " No te es permitido casarte **con la esposa** de tu hermano Felipe". Herodías, ante los ojos de Dios, continuaba siendo la esposa de Felipe. (y ninguno de ellos era cristiano)

Un divorcio ilegal no DESHACE un matrimonio. Juan el Bautista fue muerto por hacer esta declaración. Hermanos amados, detengamos esta plaga del divorcio que se ha infiltrado en la iglesia. Tengamos temor de Dios.

¿Qué hacer en situaciones fuera de las anteriormente mencionadas?

Si Jesús sólo menciona el divorcio por causa de PORNEIA, ¿que debe hacerse cuando hay maltrato físico o mental, y otras situaciones delicadas, como incesto de parte de uno o ambas partes de la pareja? Porneia incluye estas aberraciones y considera a dicha persona como inmoral. Sin embargo, fuera de estas situaciones, 1 Corintios 7: 10-16 dice que hay posibilidad de separarse, pero no de divorciarse (en el caso de que ambos sean cristianos). La mujer o el hombre deben quedarse en la condición de separados hasta una posible reconciliación o muerte de una de las partes. En el caso de creyentes divorciados y vueltos a casar, quedarse así, como vinieron al Señor, busquen sanidad y analicen su situación anterior para no volver a caer en el mismo error. Analicemos las palabras de Jesús cuidadosamente: "También **fue dicho**: Cualquiera que despide a su mujer, dele carta de divorcio. "**Pero yo os digo** que **todo aquel** que se divorcia de su mujer, a no ser por causa de fornicación, hace que ella cometa adulterio. **Y el que se casa con la mujer divorciada comete adulterio."** Uno es el acto de adulterio y otro el estado de adulterio. El acto es el pecado de infidelidad cometido una vez; el estado de adulterio es: vivir en adulterio. Dejar al cónyuge para convivir con otra persona.

¿Puede un cristiano divorciado y vuelto a casar ocupar algún puesto de liderazgo o ser anciano de una iglesia?

Esta es una pregunta muy frecuente en nuestros seminarios matrimoniales. La respuesta está en el libro de 1 Timoteo 3:2-12 "Pero es necesario que el obispo sea irreprochable, marido de una sola mujer, sobrio, prudente, decoroso, hospedador, apto para enseñar."

La cláusula "marido de una sola mujer" para unos implica no haberse divorciado. Es decir un varón que ha estado casado sólo una vez. Sin incluir a los viudos, quienes están libres del pacto matrimonial anterior según lo enseña la palabra de Dios y pueden volver a casarse libremente, pero con una mujer creyente. Pero, la traducción literal es: "hombre de sólo una mujer"; aquel que debe fidelidad y lealtad a su respectiva y actual esposa. Uno que no es mujeriego y que tiene un testimonio intachable. Por eso un divorciado no debe ser excluido del servicio a Dios, si es la parte inocente y su divorcio fue por PORNEIA.

Todos los miembros de la iglesia de Cristo tienen una función especifica y un llamado. No necesariamente debe ser el pastorado o el ancianato o diaconado. Existen otros ministerios prácticos.

Nota: *Cada iglesia y denominación tiene sus propias cláusulas con respecto a esto. Cada una es responsable por lo que enseña a sus miembros y dará cuentas a Dios. Las cuatro cosas necesarias acordadas en el N.T que debían guardar los gentiles están tomadas de Hechos 21:25: Lo sacrificado a ídolos, de sangre, de ahogado y de "porneia". Por lo tanto, la "porneia" tenía relación con los matrimonios incestuosos que, entre los paganos, era muy común; pero, que para los judíos era cosa abominable.*

Resumen:

1- El matrimonio es un pacto para toda la vida.
2- La única causal para un divorcio es por PORNEIA, que incluye la idolatría, las aberraciones sexuales y desviaciones. Esto también incluye a un no creyente que abandona al creyente (no viceversa).
3- PORNEIA no es sinónimo de adulterio ni infidelidad. Si Jesús hubiese querido decir "infidelidad" conyugal, habría usado el término adulterio (moijeia)
4- El re-casamiento no está implícito en la explicación que dio Jesús, sin embargo algunos enseñan que aquellos cuyo cónyuge no creyente le abandonó, pueden casarse con tal de que este nuevo casamiento sea en el Señor. Pero si es entre creyentes, no.
5– Es nuestra opinión que si alguno está casado con un homosexual, lesbiana, sodomita, inmoral, pervertido, pedófilo, enfermo mental, sádico, abusador (todo esto es porneia) tiene derecho legal y bíblico de divorciarse y volverse a casar.
6- El divorcio y re-casamiento entre cristianos no tiene base bíblica.
7– El divorcio NO es un mandato, sino un permiso cuando está justificado.

Escuelas Rabínicas y los términos: erva– asjemon y porneia

En Deut. 24:1, dice "inmundicia" como condición. Mat. 5:32, dice "fornicación" como causal. Son estas palabras sinónimas?
Entre los Rabinos. La escuela de Hillel interpretaba esta palabra de manera muy abierta y permisiva; en la Interpretación de los Fariseos "por cualquier causa" dada en Mateo 19:3; pero la interpretación dada por Shammai era mucho más estricta: lascivia, indecencia, inmundicia. No era adulterio, ya que esto era castigado con la muerte.
La palabra hebrea es ervah y su equivalente es ἄσχημον (asjemon): indecencia, comportamiento inapropiado. Jesús fue más allá, usando la palabra griega PORNEIA: "prostitución", "conducta sexual ilegal" "e idolatría". "Porneia" indica un grado de desviación sexual mucho más grave que la fornicación y el adulterio. Porneia debiera traducirse como depravación, degeneración, prostitución sexual. Porneia son las relaciones incestuosas, la prostitución y las relaciones sexuales contra natura como la homosexualidad, el lesbianismo, el bestialismo y la pedofilia. Porneia también es idolatría y abuso.

Capítulo Dos

La pareja bajo un mismo yugo

El Principio de la carga ligera
El yugo desigual
Tipos de yugo
Matrimonio con un no creyente

¿Qué significa estar enyugados?

El principio de la carga ligera

De acuerdo con el diccionario de la Real Academia Española, la palabra yugo significa:

1. m. Instrumento de madera al cual, formando yunta, se unen por el cuello las mulas, o por la cabeza o el cuello, los bueyes, y en el que va sujeta la lanza o pértigo del carro, el timón del arado, etc.

2. m. Armazón de madera

3. m. Ley o dominio superior que sujeta y obliga a obedecer.

4. m. Carga pesada, prisión o atadura.

5. m. Especie de horca, por debajo de la cual, en tiempos de la antigua Roma, hacían pasar sin armas a los enemigos vencidos.

También significa: Someterse al dominio de alguien o ceder a su ascendiente, influencia y sugestión.

Es interesante como el apóstol Pablo también se refirió a una yunta de bueyes para ilustrar el matrimonio. Cuando el habló de yugo, se refería al ligamento de madera que unía a los dos bueyes y los convertía en una yunta. En el griego el sentido es un poco diferente.

Ambos bueyes deben tener el mismo yugo para poder ejercer todas las labores y propósitos de un equipo. Además, ambos deben estar en común a cuerdo y tener un pensamiento unido, de no ser así, se causan daño el uno al otro; se hieren y llegan a producirse una herida. Cuando esto sucede, el campesino opta por separarlos. Lo mismo sucede con muchos matrimonios, se hieren y hacen daño hasta que optan por divorciarse o separarse.

Estar enyugado, no significa estar esclavizado. Por eso es necesario analizar qué tipo de yugo es el que nos mantiene unidos. Te hago esta pregunta: ¿Cuál es el yugo que llevas a cuestas en tu matrimonio?

Cuando no conocemos la palabra de Dios ni hemos puesto nuestro matrimonio en manos de Jesús, entonces sobre nosotros existe un yugo de esclavitud. El Señor quiere quebrantar ese yugo de maldición y de opresión sobre ti: *"porque ahora quebraré el yugo que pesa sobre ti, y romperé tus cadenas"* Nahúm 1:13

Mateo 11:29-30 nos dice: *"Llevad mi yugo sobre vosotros y aprended de mí, que soy manso y humilde de corazón, y hallaréis descanso para vuestras almas, porque mi yugo es fácil y ligera mi carga."*

Cuando ambos cónyuges deciden quitar el yugo de esclavitud y de pecado sobre sus vidas, vendrá el Señor y colocará el yugo ligero y fácil de llevar.

Si tu matrimonio te pesa, y sientes que es una carga para ti, necesitas quitarte el yugo y poner el yugo de Jesucristo sobre ti. No necesitas deshacerte de tu matrimonio. Necesitas deshacerte del yugo. No debes quebrar los votos matrimoniales sino quebrantar ese yugo que no es de Dios y que llevas sobre tus lomos.

Para que un yugo pueda ser llevado, ambas partes deben compartir el peso y las responsabilidades de esa carga.

¿A QUE SE REFIERE EL APOSTOL PABLO CON YUGO DESIGUAL ?

Cuando Pablo habló acerca de no unirse en yugo desigual, lo hizo refiriéndose al yugo desigual con los incrédulos (2 Corintios 6:14). No tiene nada que ver con personas de diferente raza o cultura, sino con la FE.

Estaba tocando un punto muy importante: el incrédulo tiene: el yugo de la maldición sobre sí; mientras que el creyente tiene el yugo y la carga de Cristo sobre sus hombros (es una carga ligera, no pesada según Mateo 11:29-30).

Por lo tanto, cuando el creyente se une al incrédulo se le coloca un yugo mucho más pesado que el que puede soportar. La única manera de quebrar o podrir ese yugo es colocando aceite sobre el yugo para destruirlo (unción del espíritu Santo).

DOS YUGOS DISTINTOS

yunta de bueyes

yunta de asnos

Sabemos que Dios dio un mandamiento específico a Adán (Génesis 2:16) de no comer del árbol del conocimiento del bien y del mal, pues el día que lo hiciera sería separado espiritualmente de Dios por la desobediencia.

Adán pasó este mandamiento a su mujer, y ambos vivían en el huerto del Edén hasta que la serpiente tentó a Eva y fue engañada. Ella dio de comer del fruto a su esposo y ambos recibieron la severidad de la maldición por cuanto eran uno solo. Cualquier decisión que tomemos afectará también a nuestro cónyuge. Dejemos de pensar egoístamente. Somos un equipo.

Maldiciones en Génesis 2: 16-17

PARA LA MUJER	PARA EL HOMBRE
dolores multiplicados a la hora de concebir y dar a luz	maldita la tierra por su causa
el deseo es para el marido	comer con dolor de su fruto
el marido se enseñorea de la mujer	faena difícil al trabajar

ESTA NO ES LA VOLUNTAD DE DIOS PARA UNA PAREJA. CRISTO NOS REDIMIO DE TODA MALDICION (GALATAS 3: 13)

Esto es lo que sucede en los matrimonios que se unieron en yugo desigual. El Señor dijo a los Israelitas que no usaran dos animales diferentes para arar. Él dijo esto porque los animales diferentes no se hicieron para trabajar juntos. Uno de ellos podrían lastimar al otro.

Deuteronomio 22:10 dice *"No ararás con un buey y un asno juntos"*. II Corintios 6:14 dice: *"no se unan en yugo desigual con los incrédulos"*.

La palabra para yugo desigual que aparece en el original griego se divide en dos: eteros: distinta clase, desigual y zugow: unir por una barra.

Esto aplica no sólo a las actividades o relaciones de negocios o sociales sino también familiares.

Imagine dos bueyes unidos por una yunta con sus patas dañadas tratando de llevar una carga. Ambos tirarían en círculo o escogerían direcciones diferentes. Al no tirar hacia la misma dirección, esto les debilitará a ambos. Un yugo desigual es cuando los dos están halando hacia direcciones diferentes.

"¿Andarán dos juntos, si no estuvieren de acuerdo?" Amós 3:3

Una yunta se lima mientras van caminando juntos. Son un equipo y están trabajando juntos para una causa común. Aquí radica el éxito en cualquier relación interpersonal. Especialmente aquellos en Cristo Jesús, unidos bajo una misma fe.

El Asno y el Buey

Cuando unimos dos animales diferentes a una yunta, como un buey y un asno, esto crea problemas evidentes. La longitud de las patas es distinta. Un asno camina a un paso diferente al del buey, y el peso varía.

El buey es mucho más fuerte y ambos piensan distinto con respecto al trabajo. El asno come un tipo de hierba que si el buey llegara a comerla lo enfermaría. Cuando ponemos dos animales desiguales en un yugo común se frotan hasta dejarse heridas profundas.

Un yugo desigual hace que el surco que se está arando no quede derecho sino torcido. Al campesino le es muy difícil mantener a ambos animales en línea.

Un cristiano unido a un no creyente afrontará estos problemas. Ambos tienen padres espirituales distintos (Juan 8:42,44) y estilos de vida diferentes (Efesios 2:1-2, 5:8). Piensan distinto con respecto a las labores, el trabajo, la comida.

Es por eso que el matrimonio se hace pesado y ambos cónyuges trabajan demasiado para mantener su relación en línea. Ambos tienen dos filosofías de la vida totalmente distintas. Si el creyente decide unirse en yugo desigual, Dios respetará eso y esa relación solo podrá deshacerse con la muerte de uno de los dos. La unión es fuerte y el pacto no se rompe. Para Dios ese matrimonio es igual de válido. Ya el error cometido, no se puede enmendar. Es decir, no puede conseguir otra pareja.

¿Y qué si estoy casado con un no creyente?

Para los que piensan que Dios les ha abandonado por el hecho de estar casados con un incrédulo, o que están fuera de la voluntad divina, queremos decirles que delante de los ojos de Dios su matrimonio es vigente. Ya usted cometió el error. Dios advierte pero el ser humano es quien decide. Dios pone sus mandamientos y leyes para guardar a sus hijos de la muerte y la maldición, pero si aun así, ellos deciden hacer lo que saben que no está correcto, El continúa su amor pero no evitará las consecuencias. Dios le acepta en su situación presente. Acepta su humanidad, pero no su pecado. Si usted es creyente, tiene la batalla ganada en Cristo. No se desanime.

No se separe de su pareja que no es creyente. La Biblia nos enseña en I Corintios 7:12-16 que el cristiano no se debe divorciar del cónyuge incrédulo. Esto es la evidencia clara que usted está bajo la voluntad completa de Dios. Algunos de los cristianos de Corinto pensaron que como se casaron con no cristianos, entonces sus matrimonios fueron contaminados y fueron rechazados por Dios. Pablo les dijo en 1Cor 7:14 lo contrario: que el esposo incrédulo y cualquier niño nacido de esa unión fueron santificados por Dios a causa de la parte cristiana. Aunque el creyente no deberá dejar al incrédulo, si el incrédulo parte, entonces se le permite partir (v.15). Usted no puede hacer que el incrédulo acepte a Cristo y si él escoge irse, entonces usted no está bajo esclavitud ya que Dios lo ha llamado a paz (v.15). Ahora, ¿significa esto que la parte inocente puede volver a casarse? La Biblia no lo dice. Pablo insiste en la carta a los Corintios que cada quien se mantenga en el estado en el cual fue llamado. Sin embargo, la mayoría de las congregaciones permiten al creyente volver a contraer matrimonio, en este caso, ya que la parte incrédula fue quien decidió marcharse.

I Pedro 3:1-4 dice que un esposo incrédulo puede ser ganado para el Señor por ver la conducta y las actitudes de su esposa.

También la oración efectiva de una persona justa puede alcanzar mucho. Dios quiere que todos sean salvos, y no desea que ninguno perezca sino que se arrepienta (1Tim 2:4). No se de por vencido. Muchos se desaniman y renuncian a solo pasos de la bendición. No sea uno de ellos. A usted le corresponde orar y pedirle a Dios, pero es a Dios a quien le corresponde hacer la obra y en el tiempo que Él lo crea necesario, cómo El quiera y cuando quiera. No deje de orar ni de bendecir. En eso consiste una oración eficaz.

Pero, Pablo dice que la parte inocente no está bajo atadura. ¿qué significa esto?

En el caso de la mujer, mientras el no creyente consienta en vivir con ella, esta debe sujetarse a su marido, como conviene en el Señor. (Efesios 5:22 Col 3:18). Deberá reconocer la autoridad del esposo sobre ella aunque él no sea creyente. Dios ha colocado autoridades sobre nosotros a pesar de que esas autoridades no sean santas o de buen actuar. Como por ejemplo los presidentes (Rom 13:1-4), los empleadores (1 Pedro 2:18), los esposos (Efesios 5:23) y los padres (Efesios 6:1). Debemos someternos voluntariamente y obedecer como conviene en el Señor, es decir, según lo que la Palabra demanda (Hechos 5:28-29). Si la pareja nos pide hacer algo que evidentemente está en contra de la Palabra de Dios, entonces debemos pedir al Espíritu Santo la sabiduría necesaria para saber cómo actuar sin propiciar una pelea. Pero sin embargo, si lo que debemos hacer no va de acuerdo a los principios divinos, entonces no debemos hacerlo. A lo que Pablo se refería con respecto a que el creyente no está bajo atadura, es que no debe renunciar a su salvación con tal de complacer a la parte incrédula. El cristiano no debe abandonar su fe en Jesucristo, por mantener a su cónyuge no creyente. Divorcio y nuevo casamiento no es de lo que se está hablando en este pasaje.

La atadura a la que se refiere este versículo es "esclavitud", y no tiene nada que ver con el vínculo del matrimonio. Es la declinación verbal: δεδούλωται (dedoulotai) que proviene del verbo: δουλόω (deuloo) y significa: hacer esclavo, reducirse a esclavitud, ceder totalmente a las necesidades de alguien creando una atadura con ese alguien. Lo que realmente Pablo está diciendo es que la parte creyente no tiene que ceder más a las necesidades ni peticiones de la otra parte, debido a que el no-creyente se ha marchado.

No propicie situaciones de pelea ni discusión. Si ya usted sabe cual va a ser la respuesta no continúe empujando una contienda. Si hay un tema que de por sí va a poner a su pareja de mal humor busque el mejor momento para abordar el tema y no cuando haya una situación de tensión.

Pablo nos da aun más luz al respecto en 1 Cor 7:39 "La mujer casada está ligada a su marido por la ley **mientras él vive;** pero si su marido muere, **queda libre para casarse con quien quiera**, **con tal que sea en el Señor** ". La única manera de casarse con quien queramos, es si el cónyuge ha muerto. Si vive, el permiso no existe a menos que sea por causa de PORNEIA.

Capítulo Tres

Orden de prioridades

ORDEN DE PRIORIDADES

Hemos estado estudiando ciertas leyes que Dios implementó para que los matrimonios tuvieran éxito. Si cumplimos con esas leyes, obtendremos victoria en nuestra vida matrimonial. También estuvimos hablando de ciertas actitudes y comportamientos que los esposos debían cultivar para mejorar su relación de pareja. En este capítulo vamos a tocar el orden de prioridades en la familia.

El orden de prioridades para la pareja, fue establecido desde el principio de la creación. desde que Dios creó al hombre y lo puso en el jardín del Edén, ya Dios había detallado un orden perfecto para su creación.

Juan 1:1-3 "... y en el principio, Dios..." Génesis 1:1 "...en el principio" la prioridad número uno en la relación matrimonial debe ser DIOS.

Dios es nuestra primera prioridad

"Y amarás al Señor tu Dios con todo tu corazón, con toda tu alma, con toda tu mente y con todas tus fuerzas". Este es el principal mandamiento." Marcos 12:30. Al hombre, como cabeza de hogar, se le ha entregado una primera responsabilidad: el cuidado de su propio huerto. Dios puso al hombre en el huerto para que lo trabajara y lo cuidara. El huerto representa también

la relación entre el hombre y Dios. Un buen cabeza de hogar mantiene una relación saludable y fuerte con el Señor. Estimado amigo que nos lees, si usted no tiene una relación personal con Dios, haga un alto en su camino y decida encontrarse con él. Podemos darle muchos consejos pero si el ingrediente número uno en su casa no es Dios, de nada le servirán. Dios debe ser la prioridad número uno en su vida. De manera que usted debe cultivar su relación con Dios diariamente. La mujer también debe cuidar el huerto de su relación personal con Dios. Debe cuidarlo y cultivarlo. En el orden de prioridades, Dios siempre está de primero, no el marido ni los hijos. Tome la decisión de poner sus prioridades en orden. La mujer sabia, edifica su casa y es considerada con su marido. La mujer sabia honra a Dios y honra a su esposo. Amada hermana, la palabra de Dios nos dice que si alguno tiene falta de sabiduría que se la pida a Dios. La sabiduría es lo que te ayudará a tomar las decisiones correctas en el tiempo preciso.

Es lamentable como para algunos sus prioridades no han sido bien establecidas, por lo que rápidamente se ven cosechando las consecuencias de su error. Muchos han hecho de su ministerio la prioridad número uno, o a su familia la han puesto en el lugar de privilegio en su corazón. Dios es Dios celoso y no comparte su gloria con nadie. El desea el primer lugar de nuestros corazones; desea gobernar nuestras vidas y ser el Señor y Rey. Si has caído en este error, ya sea por falta de conocimiento o involuntariamente, es necesario usar la llave del *arrepentimiento* y darle a Jesucristo nuevamente el lugar que se merece.

Cuando hacemos esto, todo toma su rumbo correcto y la relación de pareja no sufre daño alguno. De esa manera podrán obedecer todos los principios y mandamientos que Dios ha puesto en Su palabra. El temor de Dios es el que nos hace mantenernos en el camino. Si perdemos el temor de Dios, caeremos en las mismas pruebas y tentaciones que todos los demás. Cuando obedecemos a Dios, no lo cuestionamos.

Para ambos esposos, el concepto de que el matrimonio es para toda la vida debe ser un principio entendido y acatado por ambos como un mandamiento de parte Dios. El matrimonio cristiano y el no cristiano son importantes para Dios. Ambos fueron hechos para durar hasta que la muerte los separe. La Biblia NO dice lo contrario en ningún lugar.

1 de Corintios 7:13-16 "Si algún hermano tiene mujer que no sea creyente (**ἄπιστος** = **sin fe, sin confianza en Dios, incrédula**) , y ella consiste en vivir con él, no la abandone (**ἀφίημι** = **que no se divorcie**). Y si una mujer tiene marido que no sea creyente, y el, consiste en vivir con ella, no lo abandone."

Quizás usted está pensando: "eso es legalismo, Dios quiere que yo sea feliz". Este pensamiento tiene algo de verdad, solamente en el sentido de que Dios quiere que usted sea feliz, pero cumpliendo lo que El manda en Su palabra. De ninguna manera Dios torcerá un principio para bendecirle a usted. Esto no es legalismo. Tampoco la permisividad es libertad. En Cristo somos libres, pero libres para hacer lo que El manda. De todas maneras, todo queda entre usted y Dios. Dios es el único que juzgará su caso. Hemos escrito este libro no para juzgarte, ni condenarte. Hemos escrito este libro como un mandato de Dios de enseñar a Su pueblo sus estatutos y mandamientos.

Dios conoce tu situación personal. Solo usted sabe los motivos de por qué hace lo que hace. Si usted es divorciado y vuelto a casar, si está en adulterio (y usted lo sabe), en fornicación, o piensa volver a recasarse, o unir su vida con un no creyente, o vive en concubinato (sin estar casado) es su decisión.

No le juzgamos ni condenamos. Estamos aquí porque le amamos y porque usted es importante para nosotros, pero sobre todo: usted es muy importante para Dios.

Si su conciencia no le reprende, confianza tiene en Dios (1 Juan 3:21)

Nuestro deber es recordarle lo siguiente:

"Por eso, amados, estando en espera de estas cosas, procurad con diligencia ser hallados por él sin mancha e irreprochables, en paz. 2 Pedro 3:14

Si en tu corazón, Dios ocupa el primer lugar, harás todo lo posible por agradarle a El antes que a los hombres. Y cuando hagas eso, tendrás paz total, y tu conciencia no te recriminará ni la condenación tocará a la puerta de tu corazón.

Debo estar en paz conmigo mismo

El segundo mandamiento es semejante: "Amarás a tu prójimo como a ti mismo" Marcos 12:31

Después de Dios, en el orden de prioridades estamos nosotros mismos. Si no cuidamos de nosotros mismos ¿cómo cuidaremos de nuestro cónyuge? Si no nos amamos a nosotros mismos, no podremos amar a nadie más. El amarse a uno mismo no quiere decir: idolatrarse ni cuidar excesivamente de uno mismo cayendo en la vanidad.

Tener una correcta y sana auto-estima es importante. Es necesario que cada quien esté contento consigo mismo. Generalmente la gente que no se acepta a ella misma tiene problemas en aceptar a los demás. En el matrimonio, cuando el auto-estima es baja en uno de los cónyuges, también afectará al otro. La auto-estima nace de la noción y confianza de que Dios nos ama y nos acepta tal cual somos. Cuando estamos seguros en El, transmitimos seguridad a los demás. Un amor inadecuado con respecto a uno mismo sería cultivar sentimientos de arrogancia, egoísmo y narcisismo. Cuando esto es así es una demostración de que nuestras prioridades están desordenadas, porque en lugar de tener a Dios en el primer lugar de nuestro corazón, estamos nosotros mismos.

El cónyuge

Cuando Dios dice: “ Por tanto dejará el hombre a su padre y a su madre y se unirá a su mujer” no se está refiriendo a una sugerencia, sino a un mandato. Usted se une a su cónyuge, no a sus padres ni a sus tíos ni abuelos. La palabra " unirá " significa soldar o pegar. El hombre se pegará a su mujer y la mujer a su marido. En el huerto del Edén Dios puso a una pareja para que se complementara el uno al otro. Dios quiere que cada matrimonio sea una sola carne. Lucha por tu matrimonio. Invierte en el. Invierte tiempo y consejo.

Génesis 1:26 dice: " ...hagamos al HOMBRE...". Luego Dios creó al HOMBRE, colocándolo como *cabeza* de toda la creación. seguido por la MUJER. Génesis 1:27 "...cuando Dios creó al hombre, lo creó parecido a Dios mismo; *varón y hembra* los creó y les dio su bendición."

En la pareja cristiana, la prioridad número uno debe ser agradar a su Señor y Salvador Jesucristo. Luego, tener a su *pareja o compañero* en un lugar reservado e importante, por encima de cualquier otra cosa creada.

El esposo y esposa están antes incluso que los hijos y que el trabajo o ministerio. El éxito de un siervo de Dios se manifiesta en la gloria que se ve reflejada en su *pareja*. Esposos descuidados reflejan esposas cuyas prioridades no están en orden. Esposas tristes, oprimidas y sin brillo demuestran solamente el orden equivocado de las prioridades de su pareja. Podemos engañar al ojo humano pero no podemos engañar a Dios ni a nosotros mismos. Arrepintámonos y démosle a nuestro cónyuge el lugar que le corresponde por mandamiento divino.

Su matrimonio es lo más importante. Debe ser su prioridad. Lo demás vendrá por añadidura. Ambos esposos esperan que su matrimonio dure. Nadie se casa ni comienza una empresa para fracasar. El matrimonio es una empresa que se rige por los principios y estatutos del reino de Dios. Pero si esa empresa tiene una mala administración, terminará en bancarrota. Aprovecha las crisis y tormentas que se presenten en tu vida matrimonial. Las crisis son importantes en la vida.

Son la antesala al éxito. Las crisis ayudan a madurar y crecer. Hace que la persona se encuentre a ella misma y se haga más fuerte.

Aprovecha las crisis

Según el diccionario, la palabra crisis quiere decir: "una etapa crucial o punto decisivo en el curso de algo; "-después de la crisis el paciente muere o se mejora-". Es necesario avanzar y proseguir. No es sano estancarse ni estacionarse. Hay personas que pasan su vida en una crisis constante. Crisis de identidad, crisis social, crisis económica, crisis de salud, crisis con los amigos, crisis familiares. Sólo pasan hablando de ello y centralizan su vida en su "prueba". Debemos centralizar nuestra vida en "CRISTO". Estamos en Cristo, no en crisis⍰

2 Corintios 12:10 dice "Por lo cual, por amor a Cristo me gozo en las debilidades, en insultos, en crisis, en persecuciones, en angustias; porque cuando soy débil, entonces soy fuerte." La palabra de Dios nos enseña en 1 Corintios 10:13 que conjuntamente con la prueba Dios dará la salida. "No os ha sobrevenido ninguna prueba que no sea humana; pero fiel es Dios, que no os dejará ser probados más de lo que podéis resistir, sino que dará también juntamente con la prueba la salida, para que podáis soportarla."

La gracia de Dios nos muestra siempre la salida que Dios ha preparado para que podamos soportar con paciencia. Sin embargo, mientras soportamos, debemos mantenernos activos en el servicio a Dios. A otros, las crisis los sacan del propósito y el llamado de Dios. Los hace perder tiempo valioso en el reino de Dios.

Estos son los que huyen de sus problemas y le temen a la confrontación. A otros, les hace tomar decisiones basados en sus "NECESIDADES", y en la desesperación ellos mismos tratan de abrirse camino. Dios es quien abre camino y "dará también juntamente con la prueba la salida".

Proverbios 10:22 es muy claro: "La bendición del Señor es la que enriquece y no añade consigo tristeza".

La palabra bendición aquí: Beraka: significa: bendición, prosperidad, regalo, don. Beraka implica: FUENTE QUE REBOSA. También uno de sus significados es: arrodillarse en acción de gracias. También cuando dice que la bendición divina no añade tristeza: implica que no añade dolor, ofensa, labor dura o trabajo agotador.

A veces pensamos que toda puerta que se abre, proviene de Dios. Que toda oportunidad viene de parte de él, cuando en realidad son solo distracciones para sacarnos del maravilloso plan de Dios para nuestra vida.

En el caso nuestro, los Gamboa, siempre las crisis nos han hecho más fuertes. Han sido el motor que nos impulsa a emprender nuevas metas y objetivos. Hoy nuestra copa está rebosando. Somos realmente bendecidos por Dios y con el Rey David podemos declarar: "No nos falta nada". Salmo 23.

" ¡Qué felices son los que de ti reciben fuerzas, y de todo corazón desean venir hasta tu templo⍰Cuando cruzan el Valle del Llanto, lo convierten en manantial; hasta las lluvias tempranas cubren el valle con sus bendiciones." Salmo 84:5-6

Ya no te quejes en medio de la crisis. Ya no estás en crisis, sino en Cristo⍰

Los hijos

Génesis 1:28 narra como acto seguido, Dios les dio *hijos* sobre los cuales perpetuar la *bendición.*

Es la voluntad de Dios para toda pareja el tener hijos. Ese fue el plan de Dios desde el principio. Parejas que no desean niños pudieran estar contra la voluntad perfecta de Dios. La familia se completa con los hijos.

En la pareja cristiana los hijos son la perpetuación de la bendición; además, recordemos la palabra " ...y se *unirá* a su mujer..." esa palabra, tiene la connotación de aparearse y reproducirse.

Por lo tanto, el siguiente eslabón en la lista de prioridades son los hijos. Los hijos no están antes que el cónyuge, ni antes que Dios. Si estamos bien con Dios, estaremos bien con nosotros mismos y por consiguiente, estaremos muy bien con nuestro cónyuge. Cuando los padres están bien, los hijos están mejor� Lo que pasa es que no hemos entendido lo que significa poner a Dios y al esposo antes que a los hijos. Muchas mujeres tienen la mentalidad que dice: "hombres hay muchos, y vienen y se van, pero los hijos son eternos." Pues, nada más erróneo que pensar de esa manera. Pensar así es predecir una vida matrimonial sentenciada al divorcio. No se supone que el cónyuge sea sustituido una vez que ya no nos sirve. Según la ley divina, esto es imposible. Por eso hay que escoger bien con quien nos casaremos. Porque una vez juntos ya no hay marcha atrás. ¡Es de por vida�

Ahora, los hijos algún día se irán y formarán su propio hogar y tendrán su propia vida. Si la pareja no invierte en su relación matrimonial, cuando los hijos se marchen, su matrimonio sucumbirá. Una mujer sabia, procura que sus hijos estén atendidos y que nada les falte, para que una vez que sea el momento de pasar tiempo con el marido, eso no la detenga.

El plan de Dios para la pareja desde el principio, fue que llenara la tierra. Esto no significa tener hijos por tener hijos. El plan de Dios es llenar la tierra de familias "bendecidas y creyentes", donde la gloria de Dios se reflejara. Su gloria va a cubrir la tierra a través de nosotros, los hijos de Dios, porque SU gloria está dentro de nosotros y debido al entrenamiento y preparación que daremos a nuestros hijos con respecto a Dios, la tierra se llenará de gente temerosa de Dios y amante de sus caminos.

Después viene todo lo demás

Una vez que el matrimonio ha puesto en orden sus prioridades más inmediatas, puede colocar lo demás, sin temor al fracaso. Recuerde: su familia inmediata (cónyuge e hijos) está primero. El trabajo, la iglesia y el ministerio están después. ¡Nunca antes⍰

Nota a las mujeres: la Biblia dice que las mujeres casadas deben estar sujetas a SUS PROPIOS MARIDOS. La Biblia no enseña que la mujer casada debe obedecer a otro antes que a su marido. La casada no tiene ninguna obligación de sujetarse a otros hombres, sino a su propio marido. Mujer, debes obedecer a TU MARIDO (*en el Señor*) antes que a otro hombre. Ningún pastor o líder puede obligarle a hacer algo sin que usted consulte con su marido primero. Y si su marido no está de acuerdo, simplemente escuche a su esposo. Dios hará el resto. Hay algo muy común entre las iglesias en nuestros días, que se llama: abuso espiritual. Un líder que le pasa por encima a otro líder, NO es un buen líder. Pastores que ponen requerimientos a sus miembros mujeres (sobre todo a las casadas) pasándole por encima al marido, están fuera del orden divino. Lo correcto es ir primero donde el marido. Aquí es donde muchas veces las mujeres fallan y cometen grandes errores. Muchas mujeres han perdido sus familias, por seguir a un pastor, una ideología y un "ministerio". Si el marido, no está totalmente de acuerdo, mejor detenerse y orar. Dios no bendecirá algo, si está en violación con lo que el ha mandado. No podemos tomar como escusa el versículo que dice: *"debemos obedecer a Dios antes que a los hombres"*. No saque un verso fuera de texto para su propio pretexto. Si una persona piensa que ha escucha do de Dios, debe buscar "confirmación" externa a sí mismo para cerciorarse que en realidad Dios le ha dado una orden, mandato o ministerio. Todos debemos darle cuentas a Dios, pero aquí en la tierra todos debemos dar cuentas a las autoridades puestas por Dios. El apóstol Pablo sabía que el había sido enviado a predicar a los gentiles, y sin embargo, sabe cuanto tiempo esperó antes de ejercer su ministerio? ¡Diecisiete años?

Saulo se fue primero para Arabia y luego a Damasco por tres años, pasados los cuales subió a Jerusalén a ver a Pedro y estuvo con él quince días. (Gálatas 1:12) De allí partió a Siria y Cilicia y después de catorce años subió nuevamente a Jerusalén.

Mujer, su autoridad inmediata después de Dios si usted es casada, es su propio marido. No se desespere. Si en realidad Dios está urgido de que usted haga algo, El moverá cielo y tierra para que usted lo realice. El...NO usted. Dios propiciará que usted obedezca Su mandato y al final, se hará como Dios diga.

Solo una aclaración: La mujer NO pide permiso al marido. El es el marido, no su padre. La mujer se sujeta al marido, en el Señor, como su guía y consejero. En el momento que decide hacer algo por su propia cuenta, sin importar lo que su marido piense, está en violación al mandamiento de Dios. La mujer pide consejo a su marido antes de tomar una decisión importante que pueda afectar a su familia y matrimonio. Si Dios realmente le ha llamado a hacer algo, El se lo declarará a su marido. De la misma manera que Dios se le apareció en sueños a José (aunque ya había dado una encomienda a María) de la misma manera se lo declarará a su cónyuge.

Capítulo Cuatro

Ocho Principios de Éxito

El Principio de la disociación
El Principio de la herencia
El Principio del deber conyugal
El Principio del amor verdadero
El Principio de la honra
El Principio de la autoridad
El Principio del perdón
El Principio de la durabilidad

OCHO PRINCIPIOS DE EXITO

El rol y función de cada cónyuge

Cuando nos referimos al rol de cada esposo, no lo hacemos en términos clasistas, ni discriminatorios. Aunque la sociedad de hoy intente la igualdad de los sexos, en todo sentido, la Biblia explica funciones y deberes diferentes correspondientes a cada cónyuge.

La liberación femenina y el machismo no son principios fundamentados en la palabra de Dios. La Biblia no apoya la supremacía masculina ni la degradación o maltrato hacia la mujer. Ambos están erróneos.

Jesús vino a darle el sentido correcto al trato hacia las mujeres. El vino a levantarlas y a darles el valor que realmente ellas merecían.

Moisés dice en el Génesis 1:27: "**Y creó Dios al hombre a su imagen, a imagen de Dios lo creó; varón y hembra los creó"** Dios creo a ambos a su imagen y semejanza. La mujer no fue creada a imagen del hombre, sino a imagen de Dios. Ambos son "iguales", pero no dejan de ser "diferentes". Existe equidad, pero diferencia en función y propósito. La mujer es la ayuda idónea del hombre. Y el hombre es la cabeza de la mujer.

La mujer fue creada por Dios para complementar al hombre, porque *solo* no podía cumplir su propósito. El matrimonio no completa a nadie. Cristo es quien nos completa. El matrimonio nos *complementa.*

En nuestros seminarios matrimoniales siempre le enseñamos a los jóvenes que cuando un soltero es totalmente feliz estando soltero y ha encontrado llenura en su estado de soltería, es cuando está listo para casarse. Pero si un soltero es infeliz siendo soltero, esperando que alguien más le llene sus vacíos, será un infeliz casado y hará a alguien más infeliz.

Por esa razón, solteros felices y completos, serán cónyuges felices.

Igualdad y equidad

Muchas personas se basan en el siguiente versículo en Gálatas 3:28 para afirmar que los hombres y las mujeres son "iguales": *"Ya no hay judío ni griego; no hay esclavo ni libre; no hay hombre ni mujer, porque todos vosotros sois uno en Cristo Jesús.".*

Para entender este pasaje es necesaria la exégesis del mismo. El tema primario de la carta entera a los Gálatas es la explicación del verdadero evangelio en términos de la justificación por la fe en Cristo separado de las obras de la ley. A partir de Gálatas 3:26, Pablo comienza a decirle a los creyentes Gálatas que TODOS son hijos de Dios. Luego Pablo hace una serie de comparaciones en pares: judío-griego/ libre-esclavo / hombre-mujer.

Pablo mantiene simplemente que hay "diversas" partes que conforman un todo, pero están en unidad.

De la misma manera que las tres personas de la divinidad conforman UNO, pero son tres personas distintas, con funciones distintas. Ser uno en Cristo es estar unidos por un mismo sentir, aunque tengamos funciones diferentes.

Este pasaje trata de que todos tienen el mismo acceso a la salvación en Cristo Jesús.
"ya no hay judío ni griego, ni esclavo ni libre, ni hombre ni mujer con respecto a la salvación".

Roles y funciones

Cuando el hombre y la mujer entienden su rol y su función dentro del cuerpo de Cristo, la competencia y la lucha de poder en su matrimonio dejará de existir.

La mayoría de problemas matrimoniales comienzan por la lucha de poder y control, el egoísmo y la falta de comprensión. Delimitaremos a continuación los principales roles y funciones de los esposos con respecto a la familia y el matrimonio, juntos y por separado.

1. **El Principio de la disociación:** Como vimos anteriormente, en **MARCOS 10:7 y EFESIOS 5:31** es la voluntad de Dios que cada pareja conforme su propio núcleo familiar, totalmente separado de sus respectivos padres y familiares. Este mandato incluye a ambos: al hombre y a la mujer.
2. **El Principio de la Herencia:** Génesis 1:28 *"Y los bendijo Dios; y les dijo: Fructificad y multiplicaos, y llenad la tierra, y sojuzgadla, y señoread en los peces de la mar, y en las aves de los cielos, y en todas las bestias*

que se mueven sobre la tierra". Es el deseo de Dios que la pareja tenga hijos con el fin de transmitirles la bendición. Una pareja cristiana que deliberadamente no desee hijos, está violando este principio. Es muy diferente si la mujer o el hombre por causas médicas o mentales no es capaz de llevarlo a cabo. Por otro lado, la razón primordial del matrimonio NO es la procreación. La procreación puede ser o no el resultado de la unión matrimonial pero no es su fin. El sexo en el matrimonio tiene otros propósitos legítimos más allá de la procreación. La Biblia es silenciosa con respecto a la opción de una pareja cristiana de mantenerse sin hijos. Sin embargo, Dios dijo: *«No es bueno que el hombre esté **solo**: le haré ayuda idónea para él»* El hombre por sí mismo no podía llenar la tierra ni administrarla, por eso necesitaba de la mujer. La pareja cristiana tiene el propósito de traspasar a sus hijos el legado de la imagen y semejanza de Dios de generación en generación.

La pareja tiene que fructificar

No se trata de llenar la tierra por llenarla. El plan de Dios era llenar la tierra con hombres y mujeres obedientes a "su imagen" . Es la voluntad de Dios que cada pareja fructifique. Cada pareja en si debe producir UN FRUTO. Debemos hacernos esta pregunta hoy: ¿qué tipo de fruto hemos producido, y estamos produciendo?

En Lucas 8:14 Jesús nos enseña que los afanes, las riquezas y los placeres de la vida, ahogan la semilla que cae en nosotros y hace que no llevemos fruto. Pero dice que cuando esta semilla cae en buena tierra, en un corazón bueno y recto, los que la reciben retienen la palabra oída, y dan fruto con perseverancia. También nos enseña Jesús en Juan 15: que Todo pámpano que en EL no lleva fruto, lo quitará; y todo aquel que lleva fruto, lo limpiará, para que lleve más fruto. No va a ser fácil. La limpieza a veces no es agradable, pero es necesaria.

Algunos de los frutos que Dios espera de nuestro matrimonio son: la santificación (Romanos 6:22) o separación, y el fruto del espíritu del cual habla el libro de Gálatas 5: amor, gozo, paz, paciencia, benignidad, mansedumbre, templanza, fe y bondad.

La pareja tiene que multiplicarse

Después de que damos fruto, Dios espera la multiplicación. Somos seres que Dios creo con el propósito de reproducir, incrementar, acrecentar y multiplicar.

En el aspecto espiritual debemos dar a luz otros creyentes. Una pareja llegando a otra pareja. Dios te toca, te salva, te restaura para que tu toques y lleves restauración a otras parejas que están en una situación similar o peor que la tuya. Dios te ha creado para que seas de bendición para alguien más�Es Su voluntad que tu lleves herencia en ti mismo. Que traspases a tus hijos, tanto a tus hijos biológicos como a tus hijos espirituales, una herencia y un legado.

Es hora que ustedes como matrimonio hagan un alto y mediten qué tipo de legado o herencia tendrán sus hijos. Hablamos no de una herencia financiera, que es buena, sino de un legado de continuidad del llamado y propósito que Dios les ha hecho como pareja.

Por eso debemos examinar nuestros matrimonios y ver si estamos dando fruto. Y si estamos dando fruto, debemos analizar si estamos multiplicándolo.

Todo lo que Dios ponga en tu mano, debe multiplicarse. Tus finanzas, tus talentos, tus habilidades, tu fruto espiritual. Dios espera de nosotros la multiplicación

La pareja tiene que propagarse

El propósito de la multiplicación es la propagación. Debemos de llenar la tierra de su gloria. Debemos alcanzar a otros para Cristo. Nuestros matrimonios deben convertirse en herramientas de bendición y alcance. Porque la meta es llenar la tierra y sojuzgarla. Se supone que nuestros matrimonios deben ser de inspiración para aquellos que no tienen esperanza.

Tu puedes darle vuelta a la situación matrimonial que estas pasando. Todo lo puedes en Cristo quien te fortalece. El te creo para que fueras luz en medio de las tinieblas.

3. **El Principio del deber conyugal:** I COR. 7:3 dice: "El marido debe cumplir con su mujer el deber conyugal y asimismo la mujer con su marido". El original griego dice: "El marido rinda a la mujer la debida benevolencia; y asimismo la mujer al marido". El verbo griego utilizado aquí para el verbo "rendir" es *Apodidomi y* quiere decir: dar cuentas, rendir, devolver, restituir, dar en cambio, pagar, corresponder con agradecimiento, cumplir un voto. Cada cónyuge en el matrimonio debe dar cuentas a su pareja. Según este pasaje el deber conyugal involucra la confianza y la confiabilidad.

El deber conyugal no solamente se reduce al aspecto de intimidad en la pareja. Lo incluye pero no lo es todo. Más adelante explicaremos más. Continúe leyendo.

El poder de la restauración

Este pasaje nos enseña que cada cónyuge debe restituir, rehabilitar, y restaurar a su pareja. Todo esto quiere decir: volver a habilitar. Volver a poner en funcionamiento. Muchas esposas no responden apropiadamente en su relación matrimonial porque necesitan ser restituidas y restauradas.

El marido es quien debe dejarse usar por Dios para reconstruir los aspectos dañados que su esposa pueda tener. Es importante que cada matrimonio entienda la importancia de este principio.

Tanto el hombre como la mujer deben corresponder con gratitud a la debida benevolencia.

¿A qué se refiere este pasaje con "la debida benevolencia"?

En todos los pasajes donde se habla con respecto al trato que el varón debe dar a la mujer, se lee bien claro lo siguiente: "Que el marido ame a la mujer" "maridos amen a sus mujeres como Cristo amó a Su iglesia". Al hombre se le insta a AMAR a sus mujeres. El verbo griego en el escrito original se refiere al verbo: AGAPAO. A la mujer por su parte se le pide que respete a su marido. Así lo leemos en efesios 5:33

"Por lo demás, cada uno de vosotros ame también a su mujer como a sí mismo; y la mujer **respete** a su marido." Cada cónyuge necesita dar la benevolencia que le corresponde. Es decir, que cada uno debe cumplir con su papel conyugal especifico. Al hombre: que ame a su mujer, y a la mujer: que respete a su marido.

Amar a la esposa y respetar al marido

En este pasaje , en el griego, se amonesta al marido a *amar* a su mujer y a no ser *áspero* con ella. Cuando se le amonesta al marido a no ser áspero con su esposa, la palabra que aparece aquí viene de la raíz griega: PIKROS. Significa ser amargado, rudo, áspero, cruel. Exasperar, herir. En el contexto del versículo significa: producir un sabor amargo en el otro. Tratar con enojo y amargura. Causar una gran pena. Hacer llorar sin razón alguna. Parte del deber conyugal es NO CAER EN EL ABUSO NI LA VIOLENCIA DOMESTICA. Y si este es tu caso, queremos ser portadores de parte de Dios que dice que lo que haces está mal, que es pecado y está totalmente en contra de lo que la palabra de Dios nos enseña. Si ese eres tu, ARREPIENTETE. Muchos hombres recurren a la violencia porque no se sienten respetados ni amados por sus mujeres y lanzan su frustración en contra de sus esposas. Por eso Dios dijo a las mujeres que respetaran a sus maridos y se sujetaran a ellos. Más adelante ahondaremos un poco más con respecto al tema de la sujeción. Por eso a ti mujer, queremos decirte hoy que respetes y valores a tu marido. Haz una lista de las cosas buenas que el hace y concéntrate en ellas en lugar de darle más importancia a los aspectos negativos que el tenga. Sea una mujer sabia. No provoque a ira a su marido. Recuerde: la palabra amable calma la ira.

4. El Principio del amor verdadero: La palabra de Dios exhorta a los hombres a que amen a sus esposas.

> ***En Efesios 5:28 dice: Así también los maridos deben amar a sus mujeres como a sus mismos cuerpos. El que ama a su mujer, a sí mismo se ama.***

Y... ¿Qué es el amor? ¿Cómo podremos definirlo? En español hay dos maneras de decirle a alguien lo que sientes: "te amo" y "te quiero"; sin embargo, ambas expresiones no significan lo mismo. No es lo mismo querer que amar. Pues en el idioma en el cual fue escrito el nuevo testamento, que es el griego Koiné, hay muchas maneras de decir "te amo" y todas significan cosas diferentes, amores distintos, maneras distintas de expresar amor.

El amor del esposo hacia la esposa

El tipo de amor con el que Dios espera que los esposos amen a sus esposas es el amor ágape. **AGAPAO** es el verbo que se utiliza en este pasaje y en los que se refieren al amor entre un esposo hacia la esposa. El amor ágape aparece más de 147 veces en el Nuevo testamento, como verbo o acción y como sustantivo. Implica amar en sentido social y moral. Es tener afecto o benevolencia. La disposición de hacer el bien en un acto de bondad. Tener caridad.

Este es el tipo de amor del que habla 1 Corintios 13. Es el amor de Dios. Por eso Dios pide que los maridos amen a sus esposas como Cristo amó a la iglesia y se entregó a sí mismo por ella. El esposo, debe ser benevolente y cariñoso. Muchas veces tenemos más misericordia con otros que con nuestro propio cónyuge.

Hay hombres que se comportan más comprensivos y hasta más caballerosos con otras mujeres que no son sus esposas. Esta no es la voluntad de Dios. Marido, toma la decisión de amar a tu mujer como lo dice 1 de Corintios 13, con un amor que todo lo cree, todo lo soporta. El amor ágape es sufrido, es benigno, no tiene envidia ni egoísmo. No tiene celos, no busca lo suyo ni es un amor controlador. Es paciente, no es orgulloso, no se comporta con rudeza, y no guarda rencor.

El amor de la esposa hacia el marido

Por otro lado a la mujer no se le dice directamente: "Mujer ama a tu marido" sino que más bien se le instruye "mujeres sujétense a sus propios maridos". Alguien podría tomar esto como una excusa para que la mujer no de la benevolencia debida a su pareja. "La benevolencia debida" o el "debido trato". ¿Cuál es entonces el debido trato? Este mismo versículo insta a la mujer a actuar con benevolencia con respecto a su marido, pero no se dan instrucciones específicas. Sin embargo, Dios tiene todo bajo control. Por eso es importante "escudriñar" las escrituras cuidadosamente porque en ellas hay respuesta a todas las preguntas que alguna vez pudiéramos hacer. Si buscas con nosotros en el libro de Tito Capítulo 2, versos 3 y 4 encontraremos que a las mujeres maduras se les ha dado instrucción de convertirse en *maestras de bien* para enseñar a las mujeres más jóvenes a amar a sus maridos. En este pasaje está bien claro que las mujeres deben aprender a amar a sus maridos. Sin embargo, el tipo de amor que aquí se habla NO es ágape. Cuando se lee "amar a sus maridos" el verbo que aparece allí es **FILANDROS**. Es un amor diferente y exclusivo. Ella debe tener amor ágape para su pareja, pero también aprender a desarrollar un amor FILANDROS. Este tipo de amor es el que un esposo espera a cambio. Por eso vamos a analizar lo que este tipo de amor significa en el griego.

FILANDROS: Se nombra una sola vez en el Nuevo Testamento. Es el amor afectivo de la esposa hacia el marido con referencia al sexo también. Proviene de la raíz FILOS que denota ser amigable y desear bien al marido. Es un amor de amiga, asociada y compañera. Literalmente es "la amante del esposo". La mujer tiene que aprender a convertirse en una amante o aficionada de su marido. Es ser la porrista o aficionada número uno del esposo. Antes que cualquiera le haga comentarios positivos a su esposo, lo halague y anime, usted es la que debe ser la primera en hacérselo saber. En resumen FILANDROS es ser amiga, esposa y amante del marido. Por otro lado el amor FILANDROS es distinto de *FILOTEKNOS* que es el que se ha puesto en el escrito para denotar "amar a sus hijos". La mujer no debe amar a su marido de la misma forma que ama a sus hijos. Es un amor diferente y exclusivo.

5. **El Principio de la honra en el matrimonio.** La honra es algo que se ha perdido en la sociedad. Ya los hijos no honran a sus padres, ni los padres se honran entre ellos. La honra comienza cuando hay sujeción. Honra sin sujeción es como querer plantar una planta sin raíz. La raíz es la que la mantiene de pie y recibiendo los nutrientes necesarios para su desarrollo.

La sujeción

La sujeción es diferente de la obediencia. La obediencia se aprende, pero la sujeción se decide. El término sujetarse (_*giupotasso,* ὑποτάσσω) significa someterse bajo el amparo de alguien voluntariamente. Es una actitud voluntaria de rendirse, cooperar y asumir responsabilidad. Es el acto voluntario de querer ayudar llevando una carga. Es el querer obedecer y sujetarse al consejo y guía de otro. La mujer se somete por amor, no por obligación ni por amenazas *teniendo miedo o terror (1 Pedro 3:6) como conviene o refiere en el Señor; en todo, según la voluntad de Dios.

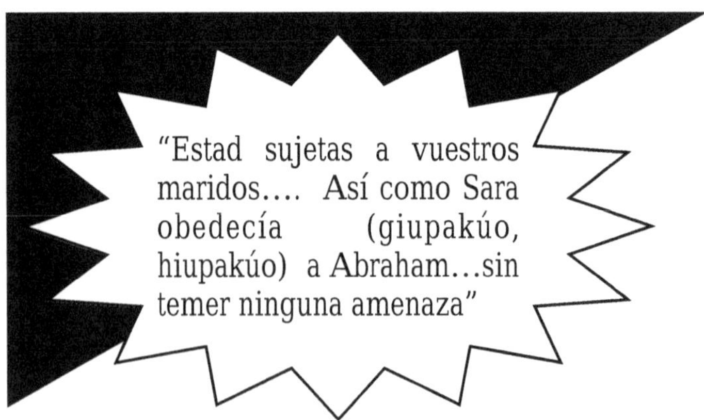

Sara obedecía a Abraham. Es decir: escuchaba atentamente lo que él decía. Ella estaba cuidadosamente atenta a sus necesidades. La palabra aquí denota escuchar muy atentamente siguiendo instrucciones. Como cuando una persona se acerca a la puerta para escuchar quien está llamando. El problema actual es que ya las esposas no saben escuchar a sus maridos ni están atentas a la visión que Dios ha depositado en ellos. Por eso no la llevan a cabo ni la siguen.

La palabra griega **GIOPOTASSO** se refiere a un acto completamente voluntario. Es una decisión que el individuo toma de adherirse y agarrarse firmemente bajo el amparo de algo o a alguien. Una mujer se sujetará a un marido que también rinda cuentas. Varón, Por qué no te haces estas preguntas: ¿A qué te estás sujetando? ¿de dónde estás adherido? ¿a quién le das cuentas? ¿estás sujeto a tus esquemas culturales y no a los principios del reino de Dios? Todos los creyentes debemos decidir sujetarnos a Dios, pero también a un líder espiritual. El marido debe sujetarse a una cabeza espiritual, para rendirle cuentas, pedir consejo y guía. El marido, como cabeza, primero debe estar sujeto. Como líder espiritual de su hogar, el esposo debe seguir un modelo. Por supuesto nuestro modelo es Cristo, claro que sí, pero demostramos nuestra sujeción a Cristo a través de nuestra sujeción a otros.

Todo líder debe tener a otro líder a quien seguir. En el reino de Dios no hay llaneros solitarios. Por eso queremos compartir este pasaje en 1 de Corintios 16 con todos los varones que leen este escrito:

"Vigilen, estén firmes en la fe; pórtense varonilmente, y

y esfuércense. Todas sus cosas sean hechas con amor. Hermanos, les ruego que se sujeten a personas como la familia de Estéfanas que se ha dedicado al servicio de los santos, y a todos los que ayudan y trabajan."

Este pasaje enseña específicamente que el hombre varonil NO es un machista. El hombre varonil lo demuestra sujetándose a otros.

Pablo amonesta una y otra vez al varón a que tome su lugar como líder, sujeto a otro líder. En Hebreos 13:17 también nos manda el Señor: "Obedezcan a sus pastores, y **sujétense** a ellos; porque ellos velan por vuestras almas, como quienes han de dar cuenta; para que lo hagan con alegría, y no quejándose, porque esto no os es provechoso." Si deseamos honrar a Dios, debemos aprender a honrar a los hombres que Dios ha puesto como líderes espirituales sobre nosotros. Sin sujeción, no hay honra. Si no nos sujetamos, deshonramos a Dios. Si un marido no se sujeta a su líder espiritual (quien es la representación de Dios en la tierra) tampoco se sujetará a un jefe, ni a las leyes de un país, ni mucho menos a Dios.

Un marido que se sujeta a sus líderes espirituales, puede esperar que su esposa se le sujete, y que sus hijos le obedezcan. La sujeción no es un acto forzado. El esposo no puede ser forzado a sujetarse a una autoridad. Sino que él debe decidir sujetarse a dicha autoridad. Dios espera que todos nosotros como creyentes tomemos la decisión correcta de sujetarnos. Un marido tampoco puede hacer que su esposa se le sujete. La Biblia no dice: maridos sujeten a sus esposas. La Biblia dice: "esposas sujétense a sus propios maridos como al

Señor". Aquí Pablo incluye a los esposos creyentes y no creyentes. La mujer, no importando si su esposo es creyente o no, debe decidir cooperar y asumir responsabilidad de esposa. Sujetarse es el acto voluntario de querer ayudar llevando la carga. Por supuesto que la mujer se someterá en todo aquello que no vaya en contra de la palabra de Dios. Es más, la Biblia nos enseña que muchos maridos pueden ser ganados por la conducta de sus esposas y el testimonio que muestren en su hogar.

Vaso frágil

También, El marido debe honrar a su esposa como a vaso más frágil, sabiendo que él mismo es también un vaso frágil, pero que su esposa es más frágil. En el original **1 de Pedro 3:7** dice: *que el marido debe asignarle a su esposa: **honor, valor, precio, estima, consideración, distinción, función y autoridad** como también a coherederas de la gracia de la vida, a fin de que no sean estorbadas las oraciones de ambos.*

Muchas veces no es la mujer quien no quiere sujetarse o cooperar con las labores junto con su marido, sino que el propio marido no le ha dado ese puesto o función de autoridad con el fin de que ella se desempeñe eficazmente. Si el esposo no estima las cualidades o talentos de su compañera, no tendrá una aliada o asociada, sino una persona frustrada al lado.

6. **El Principio de la autoridad.** En 1 de Pedro 2:13 leemos: "Sométanse por causa del Señor a toda autoridad humana, ya sea al rey como suprema autoridad, o a los gobernadores que él envía, porque ésta es la voluntad de Dios: que, practicando el bien, hagan callar la ignorancia de los insensatos".

Luis Fuertes en su artículo referente a la familia titulado: "Invertir en la familia es asegurar el mejor desarrollo de la sociedad" plantea el siguiente pensamiento: *"La autoridad en la familia se basa en hacer ver a los demás la legitimación moral que se tiene a la hora de poner las normas de funcionamiento básicas, por el hecho de que esas normas son buenas para el funcionamiento óptimo del hogar. Esa autoridad, ganada en la búsqueda del bien común, es la que conduce al reconocimiento y al respeto hacia quien tiene que tomar las decisiones..."*

Dios es el líder absoluto

El principio de la autoridad comienza con reconocer a Dios como el líder absoluto. A los varones, se les exhorta en la palabra de Dios a que se sujeten primero a Dios y sus autoridades terrenales. Dios es quien está al mando y quien tiene señorío y gobierno.

El hombre no puede ocupar el lugar de Dios, pero si le puede representar.

El hombre como cabeza

Leemos en Efesios 5:23 que el marido es la cabeza de la esposa, como Cristo es la cabeza de la iglesia. Y queremos hacer un alto aquí para explicar este concepto tan malentendido. En español la palabra *cabeza* tiene dos significados entrelazados:

la cabeza física del cuerpo de alguien o el líder de un cuerpo de gente. Pero en el griego existen dos palabras diferentes y distintivas que se traducen *"cabeza"* pero no significan lo mismo.

Según el tipo de cabeza que el hombre sea, así va a hacer el tipo de hogar que va a tener. Vamos a comenzar con explicar la primera palabra griega que se traduce cabeza:

Arjos y arjé. Esta palabra equivale a la palabra hebrea: NAGUID, para determinar a un jefe o líder. Esta palabra la encontramos en Isaías 55: 4 *"He aquí que yo lo di por testigo a los pueblos, por* ***jefe*** *y por maestro a las naciones."* Un hombre que lleva a cabo su función como un NAGUID o un Arjé tiene las siguientes características: Es el que va de primero, es el cabecilla o el jefe. Quien tiene poder para gobernar y decidir. Tiene mando, dominio, autoridad. Significa "cabeza" en términos de liderazgo y punto de origen. Arjé era también usada para denotar "el primero" en términos de importancia y poder. Diferentes formas de arjé son usadas a través del Nuevo Testamento, incluyendo las escrituras de Pablo, para designar al líder de un grupo de gente. Pablo no escogió la palabra "arjé" cuando escribió que el esposo fuera la cabeza de su mujer. El estaba bien enterado del significado de esta palabra y deliberadamente escogió un término diferente. ¿por qué? porque el único líder por excelencia es Dios. Cristo es el Primero y es el líder y gobernador. El varón no es el jefe de su esposa, ni es un magistrado que rige sobre ella.

Si el hombre toma el lugar que sólo está reservado para Cristo, el principio de la autoridad se distorsiona y se convierte entonces en un machista en su casa. Pablo nunca quiso decir que el esposo fuera el jefe. Arjé significa también, en el sentido general: "posición de poder".

¿Qué es ser cabeza?

Pablo no escogió la palabra griega ARJE. Por el contrario, Pablo escogió la palabra griega KEFALE. Esta palabra era usada para significar "primero" en términos de posición pero nunca fue usada para significar "cabecilla" o "jefe" o "gobernador". Kefalé es también un término militar. Significa "quien dirige" pero no como un "general" o "capitán" o alguno que da órdenes a la tropa desde un lugar seguro; por el contrario, un kefalé era quien iba delante de las tropas. El primero en *entrar a la batalla.* Desafortunadamente una persona de habla castellana que lee que el marido es la cabeza de su mujer, normalmente concluye que el marido debe gobernar sobre su esposa. Esto fue lo que Aristóteles enseñó. Que el marido era un "arjé" para su esposa, cabeza de la casa y gobernador sobre su familia.

Pablo sin embargo, escogió la otra palabra: kefalé, pero las personas que dependemos de la traducción castellana no sabemos esto, hasta que investigamos el texto en el original. Los setenta eruditos que escribieron el Septuagento (del hebreo al griego) no usaron la palabra griega que ellos quisieron. Fueron muy cuidadosos al notar cómo la palabra hebrea era usada.

Cuando la palabra hebrea significaba "jefe", "líder", ellos traducían "arjé." Pablo estaba ciertamente familiarizado con ambas palabras. El conocía el lenguaje. Varón que nos lee hoy, contesta esta pregunta: ¿Qué tipo de cabeza eres tú? ¿has sido un Arjé o un Kefalé para tu esposa? Si hasta el día de hoy te has comportado como un líder machista, y como el jefe autoritario en tu casa, vas a obtener rebelión de parte de tu esposa y de tus hijos. Si has llevado en tu casa un patrón de comportamiento cultural agresivo, y machista, estás destruyendo a tu familia poco a poco. Hoy es el momento de que tomes la decisión, con la ayuda de Dios, de reconocer a Jesucristo como tu cabeza y como tu guía. Debes convertirte en un Kefalé. Aquel que está dispuesto a entregar su vida por su familia, como Cristo se entregó a sí mismo por la iglesia. Pablo usó la palabra Kefalé también cuando dijo que Cristo es la cabeza de la iglesia.

Varones, honren y valoren a sus esposas. Trátenlas con cariño y con prudencia. Sujétense a sus autoridades y líderes espirituales. Sean ejemplo en obediencia y sujeción. Amen a sus esposas, como Cristo amó a la iglesia y se entregó a sí mismo por ella hasta la muerte en la cruz.

Y a toda esposa que nos lee, queremos decirle: respete a su marido. Quiere obtener su amor y comprensión. Admírele y respétele. Sujétese a él en todo, en el Señor. Sea ejemplo con su conducta y sus palabras, de manera que Jesús sea glorificado.

7. El Principio del Perdón. El Perdón, a nivel general significa: dar liberación, libertad y remisión. Sin embargo, la acción de perdonar tiene distintas aplicaciones. Existen tres palabras en el original del Nuevo Testamento que encierran el significado completo de la palabra castellana: perdón. Jesús compara el perdón con los términos: atar y desatar (prohibir y permitir)

Una persona que no perdona prohíbe o retiene. La persona que perdona desata y permite. ¿Qué es lo que permite y qué es lo que prohíbe? Jesús está hablando de atar a las personas en sus pecados y ofensas. No está hablando de atar demonios.

Una de las tres palabras en el original griego que se traducen perdón es la palabra Apolúo. Esta aparece varias veces en el Nuevo testamento como perdón y es la misma palabra que aparece en Lucas 6:37. "No juzguéis y no seréis juzgados; no condenéis y no seréis condenados; perdonad y seréis perdonados".

Este tipo de perdón es el que desatamos cuando liberamos completamente a alguien de su carga, cuando le aliviamos de una ofensa, y le libramos de un juicio. A los matrimonios que nos leen queremos recordarles que este tipo de perdón es un MANDATO, no es una OPCION.

La falta de perdón causa ataduras

Cuando ustedes no perdonan: atan, y le permiten al enemigo robarles la paz, el sueño, la bendición de parte de Dios.

Si no liberamos a la persona con el perdón, seguirá actuando en sus pecados porque este círculo del pecado no se ha roto. Si no perdonas a un abusador, seguirá abusando, si no perdonas a un agresor seguirá agrediendo. El perdón no es consentir la conducta del ofensor ni ponerse de acuerdo con sus acciones. Perdonar es soltar el vínculo que une al ofensor con la víctima, de manera que ya no cause daño. Lucas 6:36 puede ser traducido de la siguiente manera: *"suelten y serán soltados"*. El término aquí usado significa: absolver a alguien de un delito o una grave ofensa. Absolverle de una deuda. Para que Dios nos absuelva de nuestras ofensas y delitos, es menester que nosotros soltemos de nuestro juicio y sentencia a aquellos que nos hacen daño. Leemos en Lucas 6:38: *"Dad y se os dará; medida buena, apretada, remecida y rebosando darán en vuestro regazo, porque con la misma medida con que medís, os volverán a medir"*. Jesús no estaba hablando de finanzas en este pasaje. El capítulo completo nos enseña con respecto al no juzgar a los demás. Por lo tanto:

"Dad perdón y se os dará perdón. Dad juicio y se os dará juicio." Recibiremos una medida buena y apretada de lo mismo que estemos dispuestos a dar. Amado hermano, no juzgues a tu pareja ni procures una sentencia por los delitos cometidos en tu contra. La venganza es del Señor, no está en tus propias manos.

La razón por la cual muchas veces no podemos perdonar es porque queremos que la persona pague por lo que nos hizo. Es la naturaleza humana la que nos impide soltar a los demás y desatar los vínculos o lazos que unen a la herida con el dolor de esa herida.

Cuando no cortamos esos vínculos, nos atamos al dolor que la persona nos ha causado. Nos hacemos daño cada vez que no cortamos con dichas ligaduras o vínculos. Tú debes perdonar por tu propio bien y el de aquellos que te aman, porque si no perdonas, sigues atado al dolor y sufrimiento que alguien más te causó, se produce un resentimiento, luego una raíz y por último un fruto amargo que contaminará a todo aquel que tenga contacto contigo.

El perdón es un acto de la voluntad

El perdón no depende de nuestras emociones sino de nuestras decisiones. Cuando tú decides NO perdonar, especialmente a tu cónyuge, tu vida de oración se ve afectada porque ninguna de tus oraciones serán contestadas. Eso lo puedes leer en Marcos 11:25. Cuando no perdonamos le abrimos una puerta al enemigo para que trabaje en nuestra vida y viviremos una vida llena de tortura.

La palabra de Dios nos dice en Mateo 18 que cuando no perdonamos, somos puestos en manos de atormentadores y verdugos. El perdón no es una opción, es un mandato divino. Toma la decisión hoy de obedecer al mandato divino del perdón. Si lo haces una sensación de paz y tranquilidad te rodearán. En Proverbios 24:29 el Señor te manda: NO digas: *«Haré con él como él hizo conmigo; pagaré a ese hombre según merece su obra»*

El perdón nos libera de ataduras que nos amargan el alma y enferman el cuerpo.

La falta de perdón te causa daño físico

Perdonar No significa estar de acuerdo con lo que te hicieron, ni que lo apruebes. Perdonar no significa dejar de darle importancia a lo que sucedió ni darle la razón a alguien que te lastimó. Simplemente significa dejar de lado aquellos pensamientos negativos que nos causaron dolor o enojo. La falta de perdón te ata y te vincula a las personas que te hicieron daño por medio del resentimiento. Perdonar no significa que las relaciones deben ser restauradas totalmente, o que una persona no se sentirá enojada acerca de una ofensa pecaminosa, pero cuando perdonamos, ponemos de lado la ofensa, no hay recriminaciones, no miramos el error, no castigamos a la persona.

Las personas con falta de perdón defienden su indignación constantemente. Sienten que han sido lastimadas demasiado y de alguna manera esto las escusa para no perdonar. Sus corazones están repletos de ira y dicen: "yo nunca le voy a perdonar". Cuando guardas sentimientos negativos y guardas resentimientos, tu cuerpo se va llenando de energía negativa que repercute en tu sistema nervioso y digestivo, por eso son tan comunes las migrañas y los problemas digestivos. Por eso las personas que se acercan de corazón a Dios son tan saludables y su vida es tan tranquila. Cuando guardamos cólera, odio, resentimiento y pena, por lo general después de un acontecimiento traumático, se daña el centro de reflejos emocionales en el cerebro, haciendo que se estropee poco a poco. Cuando este centro de reflejos se lesiona, comenzará a enviar información incorrecta a los órganos del cuerpo, causando la formación de células cancerosas en aquel órgano. También los altos niveles de estrés merman las reservas de Adrenalina, y cuando bajan, crean el ambiente prefecto para el desarrollo del cáncer.

La falta de perdón te pone en prisión

En el Nuevo Testamento aparece otra palabra griega que se traduce perdón: Afíemi: Esta palabra aparece unas 22 veces en el Nuevo testamento como: perdonar, dejar de lado, omitir, remitir, liberar, poner en libertad, libertar, absolver, suprimir, remover, perdonar una deuda o falta, ser removido o quitado. En Mateo 18: 23 Jesús narra la historia de un rey que quiso hacer cuentas con sus siervos. Podemos aprender varios aspectos de este relato, y ponerlos en práctica en nuestras vidas. En los primeros versículos Jesucristo ilustra muy bien la situación del hombre; un esclavo, con una deuda que él mismo no podía pagar. Sin embargo la misericordia de Dios es más grande y canceló la deuda, movido a compasión soltándole de esa esclavitud. Así actúa Dios con nosotros cuando le aceptamos a El. En los versículos siguientes se nos advierte que Si no perdonamos, estamos echando en la cárcel a la otra persona que nos hirió. Estando en la cárcel, esa persona se ata a sus pecados; simplemente no puede salir de ellos, y una y otra vez vuelve a hacer lo mismo. Por otro lado, aquel que no perdona es trasladado a una prisión y entregado a los verdugos. Esos verdugos son los espíritus atormentadores que producen dolor, tormento, labor extrema y fatiga, causan perturbación, crean problemas, penas físicas, disturbios y acoso.

La raíz del problema en sí mismo no son los espíritus atormentadores, sino la falta de perdón. Podemos reprender a esos verdugos en nuestra vida y no se irán. Debido a la falta de perdón permitimos que esos verdugos nos atormenten. Si queremos quitarlos de nuestras vidas, la única solución es perdonar. Cuando perdonamos la acción o el círculo de la acción se rompen. Mandamos lejos a los verdugos, liberamos a quien nos hirió, le soltamos y dejamos libre y quitamos la deuda y la culpa. Quien nos atormenta no es la persona que nos hirió, sino los verdugos. Toma hoy la decisión de perdonar a aquellos que te han herido y maltratado. No dejes que vengan verdugos a tu vida y te pongan en una prisión.

- Primero reconoce el perdón como un acto de la voluntad, no un sentimiento.
- Pídele a Dios que te de Su fuerza para poder hacerlo.
- Pídele a Dios que te muestre cómo Él ve a tu ofensor.
- Permítele que su compasión fluya dentro de ti y escoge hacerlo en obediencia.
- Lleva esa herida que recibiste a los pies de la cruz e intercámbiala por el amor y la misericordia de Cristo.
- Declara que ya está hecho.
- No traigas más a la memoria la ofensa, olvídala.

Comienza a hablar la palabra de Dios en oposición al problema. Y bendice al que has perdonado. Mateo 5:44 dice: *amad a vuestros enemigos y orad por los que os persiguen*. El perdón en el matrimonio es un tema que muchos no quieren abordar. Existen consecuencias muy negativas y alarmantes cuando una persona decide no perdonar.

Efectos negativos de la falta de perdón

Por favor considere los efectos negativos que tanto el resentimiento y el juicio traerán a su vida y a la de su familia. Uno de los resultados que se puede observar cuando existe falta de perdón es la existencia del dolor psicológico causado por la ofensa recibida. Cuando hay dolor emocional, es probable que exista falta de perdón. Cuando en el matrimonio se dan situaciones dolorosas que nos colocan en la cueva de la amargura y el resentimiento, a menos que busquemos la salida de esa cueva seremos consumidos por la tristeza y la amargura. La única salida es el perdón. Otra consecuencia de la falta de perdón con respecto a nuestra pareja, es que la comunicación se corta y toda posibilidad de reconciliación desaparece. Cuando en el matrimonio se corta la comunicación, deja de fluir información saludable en la pareja. La comunicación es el puente que nos une y cuando ese puente ha sido dañado, es imposible la confianza y la honestidad. Cuando no perdonamos ni soltamos a nuestro cónyuge de los juicios y sentencias que hemos declarado en su contra, las consecuencias en nuestra contra serán funestas.

Cuando no perdonamos percibimos las actuaciones de otras personas como ofensas en nuestra contra. Nos ponemos a la defensiva y creemos que todos van a hacernos lo mismo. Por lo tanto atraemos situaciones similares y terminaremos siendo igualmente heridos. Cuando no perdonamos le estamos entregando el poder a quien nos ha ofendido de determinar nuestras futuras reacciones ante situaciones similares. Lo que esto produce es inmadurez emocional. Ya no vamos a ser capaces de tomar decisiones objetivas y claras, sino que solamente seremos capaces de dar críticas, reproches y juicio. La persona que no perdona crea un bloqueo que impide que Dios sane y restaure la situación. Además, se ve imposibilitada de recibir ayuda y sanidad de parte de Dios. El perdón es la habilidad de renunciar al derecho de venganza.

La venganza pertenece a Dios

Cuando decidimos perdonar, le entregamos la venganza al Señor. Rehusarse a perdonar es caminar en venganza, intentando dañar a otro como recompensa o pago por su acción. Cuando no perdonamos nos colocamos en el papel de jueces, tratando de dictar una sentencia. Esto es pecado. La biblia dice que la venganza pertenece solo al Señor y que El es el único juez. En Romanos 12:9 leemos: *No os venguéis vosotros mismos, amados míos, sino dejad lugar a la ira de Dios, porque escrito está: «Mía es la venganza, yo pagaré, dice el Señor»* Por otro lado, La mayoría de las personas piensan que el perdón es tratar a aquel que nos ofende como si no nos hubiera ofendido, olvidando la ofensa y renovando el compañerismo y la aceptación personal con el ofensor como si nada hubiera pasado, eso significaría ponernos a disposición del abuso y control de alguien que nos ofende. Lo que realmente el perdón hace es renunciar a nuestro derecho de venganza. Lo que tenemos que hacer es reprender a aquellos que nos ofenden y confrontarlos. Si se arrepienten los perdonamos y tratamos de buscar una reconciliación. Si ellos no se arrepienten, les perdonamos igual, pero ya no es nuestro deber caminar con ellos.

Hay otros sentimientos que afloran cuando no perdonamos. No solamente la venganza. Hay sentimientos potentes de resentimiento, amargura, pena, ira, y traición. Nos vemos tentados a ser ásperos y a sentirnos indignados.

¿Son incorrectos estos sentimientos? ¿Cómo nos reponemos a las heridas dejadas por un ofensor aunque hayamos renunciado al derecho de vengarnos?

Esto es sumamente importante. En Efesios 4:31 nos manda el Señor: Quítense de vosotros toda amargura, enojo, ira, gritería, maledicencia y toda malicia. De manera que cuando no perdonamos, todos estos sentimientos salen a la luz y nos ponen en tinieblas. Dios nos manda hoy a quitar todas esas actitudes de en medio.

Somos nosotros quienes debemos desarraigarlas. No le toca a Dios. La raíz de amargura nos hace perder nuestra comunión con Dios y con los demás.

La escritura es muy clara cuando nos dice que la persona que guarda rencor y aloja amargura en su corazón, no está bien con Dios.

Si tú piensas que estás en paz con Dios aunque no estés en paz con tu cónyuge, te equivocas. Si no perdonas a tu cónyuge sus ofensas, Dios no te perdonará las tuyas.

Si deseas perdonar , haz esta oración con nosotros: *Señor, yo perdono a mi cónyuge. Lo perdono por todo el dolor que me ha causado y por como esto me hizo sentir. Te entrego a ti mi cónyuge y mi matrimonio, y entrego mi derecho a buscar venganza contra mi pareja. Opto por rechazar la amargura y el enojo. Te pido, Espíritu Santo, que sanes mis emociones dañadas, en el nombre de Jesús, amén y amén.*

1. Tome la decisión de perdonar de todo corazón (Mat. 18:35).
2. Arrepiéntase por guardar esta falta de perdón en su corazón.
3. Exprese su perdón de forma verbal. Santiago 5:16 dice: *"Confesaos vuestras ofensas unos a otros y orad unos por otros, para que seáis sanados. La oración eficaz del justo puede mucho."*
4. Renuncie a todo resentimiento, odio, amargura, y falta de perdón:

8. **El Principio de la durabilidad:** El matrimonio es un pacto que dura toda la vida. Tenemos que tener cuidado en nuestro trato personal con nuestros respectivos cónyuges. La persona que ama pasa tiempo de calidad estudiando el objeto de su amor. Cuando algo nos interesa, pasamos tiempo en ello. Para que un matrimonio sea exitoso y duradero debe aplicar varios estatutos que aparecen en la palabra de Dios. Estos estatutos son leyes y mandatos dados por Dios y cuando se quebrantan las consecuencias son funestas.

Leyes para lograr durabilidad

La primera ley es la ley de la disociación: Dijo Dios: "Dejará el hombre a su padre y a su madre, y se unirá a su mujer, y serán una sola carne" (Génesis 2.24). Un solo hombre con una sola mujer. El matrimonio es de dos. La única tercera persona invitada es Dios.

La segunda ley que debemos poner en práctica para tener un matrimonio duradero es la ley de la fidelidad. De la esposa Dios dice: "Si en vida del marido se uniere a otro varón, será llamada adúltera" (Romanos 7.3). Y al esposo dice: "Cualquiera que mira a una mujer para codiciarla, ya adulteró con ella en su corazón" (Mateo 5.28). Los esposos se deben lealtad el uno al otro. La fidelidad conyugal está relacionada con la capacidad de no engañar ni traicionar a los demás. Es un valor moral que faculta al ser humano para cumplir con los pactos y compromisos adquiridos. En la vida matrimonial, la fidelidad se refiere a una promesa, explícita o implícita, de entregarse exclusivamente a la pareja.

La tercera ley es La ley del amor y el respeto. Dios dice: "Maridos, amad a vuestras mujeres" (Efesios 5.25). Y: "Las casadas estén sujetas a sus propios maridos" (Efesios 5.22). Como vimos en páginas anteriores, Dios planeó que el marido dirigiera en el hogar (1 Corintios 11.3). Pero no debe dominar ásperamente a su esposa, sino que debe amarla con cariño y misericordia (Colosenses 3.19). Dios planeó que la esposa se sujetara a su marido, confiando en su liderazgo. Siendo su ayuda idónea. Cuando hay amor hay respeto y cuando hay respeto se cultiva el amor.

La cuarta ley que mencionaremos para tener un matrimonio exitoso es La ley de la constancia. Dios dijo: "La mujer casada está sujeta por la ley al marido mientras éste vive; pero si el marido muere, ella queda libre de la ley del marido" (Romanos 7.2). El matrimonio es para toda la vida y solo se rompe con la muerte.

1 CORINTIOS 7 :10-11 dice: *"Mas a los que están unidos en matrimonio, demando, no yo, sino el Señor: Que la mujer no se aparte del marido; y si se apartare, que se quede sin casar, o reconcíliese con su marido; y que el marido no despida a su mujer"*.

Cada denominación e iglesia tiene puntos de vista distintos con respecto al tema del divorcio. Por lo que aconsejamos a cada quien sujetarse a la cabeza espiritual correspondiente. Sin embargo, tome en cuenta que la palabra de Dios es muy clara con respecto al NO DIVORCIARSE. Y si se divorcian, quédense sin casar.

Jesús mismo dijo que por "la dureza de corazón" del pueblo de Dios, Moisés consintió en que se diera carta de *divorcio*, pero que en un principio no era así. Nosotros no estamos a favor del divorcio. Estamos a favor de la unión y preservación familiar con Jesucristo como centro.

¿Qué del matrimonio en que solo uno de los cónyuges es creyente?

Tal matrimonio también dura para toda la vida. Dios dice: "Si algún hermano tiene mujer que no sea creyente, y ella consiente en vivir con él, no la abandone. Y si una mujer tiene marido que no sea creyente, y él consiente en vivir con ella, no lo abandone" (1 Corintios 7. 12-13). Aun el matrimonio de los incrédulos dura para toda la vida. En Marcos 6.18 Juan el bautista dijo a Herodes: "No te es licito tener la mujer de tu hermano". Juan sabía que el matrimonio de Felipe y su mujer era vigente aunque los dos eran incrédulos.

Cuando violamos alguna de estas leyes sobre las cuales está basado el principio del matrimonio, fracasaremos. Muchos piensan que estas leyes son demasiado estrictas para poder cumplirlas, pero cuando tenemos al Señor como invitado especial en nuestra relación de pareja, todo es posible. El hombre y la mujer esperan fidelidad, constancia, amor, respeto y exclusividad en su matrimonio. Todo ser humano necesita de estos atributos. Por ejemplo, el marido espera que su mujer sepa escuchar, que le muestre respeto en público y que no utilice el sarcasmo cuando habla de él con sus amistades. El esposo espera que su esposa no viva malhumorada sino que tenga sentido del humor. También, el esposo espera que su mujer lo apoye más y que no se pase criticando todo lo que el hace.

La mujer, por su lado necesita un hombre que sea el proveedor y protector del hogar. Que sepa escucharla y hablar con ella. La mujer no necesita un jefe, necesita de un compañero y un líder. No hay nada más humillante para una esposa que el ser tratada como una sirvienta o una empleada doméstica. La mujer tiene muchos dones y talentos que desea desarrollar en su matrimonio. Un marido que reconoce y apoya los atributos de su esposa, tendrá una compañera feliz y una ayuda idónea genuina. La Biblia les exhorta a los maridos a que vivan con sus esposas sabiamente.

Muchos errores se cometen por falta de conocimiento y sabiduría. Algo que a la mujer le molesta es ser la que tome la iniciativa siempre en los asuntos espirituales. Hermano, no espere a que su esposa sea la que le recuerde leer la Biblia o ir a la iglesia. El hombre como cabeza del hogar debe ir adelante en estos asuntos. Recordemos que el marido ha sido puesto como un Kefalé en el hogar. Como el guía espiritual que va adelante mostrando el camino a seguir. El varón fue creado a imagen y semejanza de Dios. Es el representante de Dios en el hogar. Un buen cabeza de hogar sabe la diferencia entre privilegio y compromiso. Antes de gozar de privilegios debe realizar sus responsabilidades. Según la palabra de Dios, el esposo debe ser el proveedor de su casa, y la mujer puede apoyarle en lo que ella pueda. Pero la carga mayor debe recaer sobre el varón. Esposo, recuerde que esto es una TEOCRACIA (donde Dios es quien gobierna) y no una dictadura. Usted amado hermano debe ser ejemplo en: dedicación, separación, servicio, pureza, fidelidad, trabajo, oración y honestidad. Recuerde las maquinaciones del enemigo. Él es quien propicia la división, el desacuerdo y el enojo. La estrategia del enemigo es lograr que ustedes como pareja discutan y pasen más de un día enojados. Si cada uno de los esposos ponen el 100% en la relación, obtendrán un matrimonio exitoso.

El problema está cuando ambos tratan de buscar culpables a las situaciones que están atravesando. Este no es un problema del esposo o de la esposa, es un problema de los dos.

Los dos, por lo tanto deben concentrar sus energías no en pelear sino en buscar una solución. Dios es quien dará la solución a cada uno de nuestros problemas

Capítulo Cinco

Matrimonios de honra

La legalidad del Matrimonio
Requisitos para oficiar bodas
El Matrimonio honroso ante Dios
El respeto al marido
La dependencia mutua
La ayuda idónea

HONROSO SEA EL MATRIMONIO

"Que el matrimonio sea honroso y las relaciones íntimas sean puras" Hebreos 13:4

Una de las preguntas más frecuentes que nos hacen en nuestros seminarios y talleres matrimoniales es la siguiente:

"Hermanos Gamboa, mi esposo y yo estamos casados con la bendición del pastor pero no tenemos licencia matrimonial del estado, eso está bien delante de los ojos de Dios?"

Primeramente, una boda debe ser realizada por un ministro ordenado de la organización a la que usted pertenece y reconocido por el estado o país donde usted vive bajo las leyes civiles y de familia. En algunos lugares los ministros evangélicos pueden realizar la ceremonia religiosa pero no la boda legal en si. Cuando dicho ministro puede "ejercer" su oficio de manera legal "como un abogado de la corte", entonces usted SI está realmente casado. Es decir, que el ministro puede casar legalmente si está reconocido para llevar a cabo matrimonios. Averigüe todo esto en su país o estado.

Cada país es diferente y en los Estados Unidos cada estado tiene distintas leyes al respecto. Pero en todos los países ES NECESARIO un CERTIFICADO de MATRIMONIO que compruebe que la pareja está LEGALMENTE casada.

Un ministro evangélico reconocido en los Estados Unidos tiene que cerciorarse de que la licencia matrimonial de la pareja que se va a casar no esté vencida ANTES de realizar la ceremonia religiosa. De lo contrario puede tener consecuencias legales. Por favor, consulte esto con una persona que realmente esté enterada de los requisitos para oficiar bodas legales.

La mayoría de los países tienen como requisito que el ministro provea un CERTIFICADO MATRIMONIAL y lo entregue a la oficina encargada de las licencias matrimoniales. Generalmente un segundo certificado se extiende a la pareja que contrajo matrimonio. Casi siempre hay una fecha limite para llenar el certificado de matrimonio, y una multa si no lo llena, así que esté atento.

Cosas que un ministro debe tomar en cuenta antes de realizar una boda:

1- Averiguar si está capacitado para oficiar bodas de acuerdo con la ley del país o del estado. 2– Asegurarse de que puede oficiar bodas en otros lugares que no sea su país o estado 3- Estar seguro de que la pareja está en toda su capacidad mental y física para casarse y explíqueles los requisitos legales para llenar la licencia

matrimonial. (antes de la boda) Estar seguro que la pareja le provea la licencia matrimonial. (el formulario lleno y firmado por un juez de paz)
4- Asegurarse de que dicha licencia no ha vencido
5- Asegurarse de tener un registro de la boda oficiada, según los requisitos que pide la ley.
5- Completar un Certificado de Matrimonio legalizado por el estado o país donde vive
6- Entregar el certificado matrimonial a la oficina legal correspondiente
7- Proveer una copia a la pareja

Licencia de matrimonio es diferente a certificado de matrimonio. Lo primero es el permiso obtenido para los segundo.

Si el ministro NO realiza algunas de estas cosas, puede ser sancionado con cargos criminales (en los E.U). La sanción se dará si:
(1)no mantiene un registro de ceremonias de matrimonio realizadas; (2) si no devuelve puntualmente a las autoridades apropiadas un certificado de matrimonio correctamente completado y la licencia para casarse; (3) si casa personas sin una licencia de matrimonio, o con una licencia expirada; (4) si casa personas que no están legalmente capacitadas para hacerlo (debido a edad, relación, o con alguna discapacidad especificada según ley estatal). Hay un error que vemos repetirse en las iglesias. Muchas personas creen que porque el pastor llevó a cabo la "ceremonia religiosa", ya están casados y es todo lo que cuenta. Pues no. La ceremonia religiosa es

la bendición que Dios derrama sobre la pareja pero sólo si también han unido sus vidas legalmente de acuerdo con las leyes del país donde viven.

El matrimonio honroso ante Dios

Para que un matrimonio sea honorable delante de los ojos de Dios: Esto quiere decir que la pareja está unida por matrimonio legal y está debidamente casada (de lo contario estarían en fornicación) Además, que sean fieles y se amen el uno al otro. De lo contrario habría adulterio.

Ahora volviendo al pasaje en el libro de Hebreos, también hay una palabra clave aquí: "que las relaciones íntimas sean puras" algunas traducciones ponen "lecho sin mancilla". La palabra lecho en el griego Koités, se refiere al coito o relaciones sexuales. En este caso las relaciones íntimas sin mancilla, puras.

La palabra PURA: *"umiantos"* significa libre de deformidad o aberración. Libre de desvalorización. Quiere decir que las relaciones sexuales no deben ser dañadas en su fuerza y vigor ni desvalorizadas, refiriéndose a aberraciones sexuales tales como la sodomía, el lesbianismo, el homosexualismo, bestialismo, pornografía y otras.

Aspectos que honran a Dios en tu matrimonio

Existen otros aspectos que son muy importantes para que nuestro matrimonio le de toda la gloria a Dios.

Hemos cubierto el aspecto legal y físico. Vamos a cubrir el aspecto emocional y psicológico.

"Que la mujer respete a su marido" Efesios 5:33

La palabra respetar es ***fobetai*** , cuya raíz es "fobos" y en el contexto de este versículo significa: reverenciar. Estar en deuda con alguien.

La palabra de Dios nos dice que "ninguno deba a nadie nada sino *el amarse* los unos a los otros".

Cuando la mujer no refleja ni demuestra reverencia o respeto por su marido, el mensaje que está brindando es de insujeción y rebeldía. Ese tipo de mujer es la que hace lo que desea sin tomar en cuenta la manera de pensar de su marido, ni cómo esto afectaría el testimonio de ambos.

El sistema del mundo está a favor de la *liberación, casi libertinaje* de la mujer, el sistema de Dios está a favor de la dignificación y rol efectivo de la mujer en el mundo. La mujer que es verdaderamente libre es aquella que se desenvuelve sin temor ni amenazas. Es la que tiene un valor y un rango de autoridad según la Palabra de Dios, para que ella junto con su pareja, alcancen las metas (visión) que Dios les ha dado. Cuando la mujer y el varón admiten que no pueden lograr nada por si mismos sin la ayuda del otro, entonces su papel dentro de la sociedad se hace efectivo y emocionante.

Que dependan el uno del otro (1 Corintios 11:11)

"Mas ni el varón es sin la mujer, ni la mujer es sin el varón, en el Señor" 1 Corintios 11:11

El matrimonio es una empresa. Por años hemos estado enseñando en nuestros seminarios y talleres con respecto a la diferencia entre una empresa del mundo y el matrimonio como una empresa del reino de Dios.

En el mundo, la empresa se rige bajo ciertos principios y leyes, pero que no aplican en el reino de Dios.

Por ejemplo, en el mundo, toda empresa tiene un jefe, que generalmente es quien manda y da ordenes. También cree que tiene derecho al mando no solo por su puesto en la empresa sino porque gana más que los demás, entonces eso le da poder. En el reino de Dios, el matrimonio es una empresa que tiene dos socios mayoritarios, pero que solo UNO puede ser cabeza. Como lo explicamos en capítulos anteriores, el ser cabeza, no implica ser el jefe. El marido no es el jefe en el hogar ni es el jefe de su esposa. El marido es el guía y autoridad espiritual.

La mujer, por su lado, no es la esclava ni tampoco una socia minoritaria. Es accionista mayoritaria junto con su marido. Pero en la toma de decisiones, guía y puesto de autoridad, el marido es quien ocupa ese lugar.

Cada uno debe considerar las funciones del otro como de suma importancia en el trabajo de familia. Hay una unión positiva. Separados se puede hacer poco, pero Juntos se puede lograr TODO, porque en la unión está la fuerza.

Para que una empresa prospere y de ganancias debe ser manejada sabiamente.

Cada uno de sus miembros trabajan por el bien común de la misma. Lo que hagan repercutirá en el desempeño de la empresa.

Muchos matrimonios, están en quiebra como empresa. Tienen sus finanzas de manera desordenada, toman decisiones erróneas con respecto a los miembros de la familia, no respetan las funciones ni talentos de cada uno dentro del núcleo familiar y no todos los miembros trabajan ni cooperan para mantener su empresa saludable.

En el matrimonio según Dios, ambos miembros mayoritarios tienen igualdad de oportunidades pero también igualdad en responsabilidades.

Si cada uno de los cónyuges, se dedicara a realizar lo que le corresponde, de manera responsable y sin egoísmos, su empresa prosperaría.

Cuando ambos dependen de Dios completamente, aprenderán a depender el uno del otro. De manera sana y no enfermiza. Cuando hablamos de "depender" no nos referimos a la co-dependencia enfermiza. El esposo necesita de la ayuda de su mujer para lograr el propósito que Dios le ha dado. Por eso cuando Dios lo vio solo, le hizo una ayuda idónea.

¿Qué es una ayuda idónea?

LA AYUDA IDONEA

En Génesis 2:15-24 leemos: "Tomó, pues, Dios al hombre, y le puso en el huerto de Edén, para que lo labrara y lo guardase. Y dijo Dios: No es bueno que el hombre esté solo; le haré ayuda idónea para él. Formó, pues, Dios de la tierra toda bestia del campo, y toda ave de los cielos, y las trajo a Adán, para que viese cómo les había de llamar; y todo lo que Adam llamó á los animales vivientes, ese es su nombre....mas para Adam no halló ayuda que estuviese idónea para él. Y Dios hizo caer sueño sobre Adam, y se quedó dormido: entonces tomó una de sus costillas, y cerró la carne en su lugar; Y de la costilla que Dios tomó del hombre, hizo una mujer, y la trajo al hombre. Y dijo Adán: Esto es ahora hueso de mis huesos, y carne de mi carne: ésta será llamada Varona, porque del varón fue tomada. Por tanto, dejará el hombre a su padre y á su madre, y se unirá a su mujer, y serán una sola carne."

El propósito de Dios para el hombre en el huerto era que lo cultivara y lo guardara. Dentro de esas responsabilidades estaban: el servir, adorar, guardar, proteger y ahorrar. Dios reconoció entonces que Adán necesitaba una ayuda idónea para poder llevar a cabo el trabajo eficazmente.

La palabra en el hebreo, traducida "ayuda idónea" es EZER NEGED. NEGED se encuentra como una frase preposicional. KENEGED. Significa: una pareja, contraparte adecuada. La palabra idónea significa: lo opuesto, lo contrario, la contraparte. Adán necesitaba una pareja que fuera como él pero a la vez diferente. Alguien que fuera parte de él, pero con individualidad propia también. El propósito de Dios en crear a Eva era que Eva pudiera complementar a Adán y fuera su contraste.

Ambos deben complementarse y ayudarse. Siguiendo el destino o plan que Dios tenía para ellos dos.

De acuerdo con esta definición el destino nuestro es estar en armonía con nuestros cónyuges y juntos llevar a cabo una labor eficaz.

La voz hebrea para "hombre" en este pasaje que estamos estudiando es ISH y el término hebreo para "mujer" es ISHA. El hombre estuvo completo en sí mismo desde que Dios le formó del polvo de la tierra. Pero se hallaba solo. La palabra solo aquí es: BAD que significa: alejado o separado de su contraparte. Fue entonces que Dios lo hizo caer en un sueño profundo y formó a ISHA de su costilla. ISHA no pudo funcionar como la contraparte del hombre (ayuda idónea) hasta que su cuerpo fue removido del de Adán por medio de una "cirugía" divina.

Mientras el hombre estuvo solo (separado de su contraparte) no pudo funcionar eficazmente. La necesidad del hombre fue su soledad y separación. La mujer por eso fue creada como su compañera, asociada, y contraparte adecuada.

Cuando Dios le trajo los animales a Adán para que los nombrara, se denotó que no había sido hallada ayuda idónea para él. Ninguno podía fungir como la contraparte adecuada.

También notemos que Dios NO trajo a otro Adán. No puso como contraparte a otro ISH. Dios formó una ISHA. ¡Qué maravilloso es nuestro Dios!

Capítulo Seis

Las etapas emocionales del Matrimonio

El romanticismo
Los pies en la tierra
Etapa de adaptación
La transformación
El amor verdadero

5 Etapas Emocionales del Matrimonio

El matrimonio es un proceso. No solamente es un estado. Y en ese proceso existen diferentes etapas, ciclos y estaciones . En este capítulo delimitaremos las cinco etapas emocionales del matrimonio. Muchos psicólogos han desglosado las etapas del amor en: atracción, romance, pasión, intimidad y compromiso. Nosotros hemos desglosado estas etapas estrictamente en el contexto del matrimonio como: romanticismo, realidad, adaptación, transformación y amor verdadero.

Etapa I: El Romanticismo

Después de mucha investigación, los científicos han descubierto que no sólo el corazón está lleno de amor, sino que su cerebro también responde a ese amor porque está inundado con neuro-químicos llenos de sensación como la: dopamina y la fenetilamina.

Químicamente, se refiere a la versión natural del organismo humano de las anfetaminas.

Sin embargo, el efecto que tienen en el comportamiento es similar a la endorfina.

encaprichamiento (fenethylamina), + vínculo (oxitocina) + lujuria (testosterona)

Estas drogas y neuroquímicos aumentan la energía, los sentimientos de bien, la perspectiva positiva, y disminuye el dolor. Aumentan el deseo sexual. Este químico es lo que permite que usted se salte comidas y horas de sueño. También le permite sentirse seguro y calmado cuando se pone ansioso. Calma la depresión y le ayuda a tener mayor energía para ver las cosas positivamente. Es por esa razón que pensamos que el causante de todos estos sentimientos es la otra persona, sin darnos cuenta que estamos actuando "bajo influencia" de este químico cuando nos "enamoramos".

"¡Cuán hermosos son tus amores, hermana, esposa mía! ¡Cuánto mejores que el vino tus amores, y la fragancia de tus perfumes más que toda especia aromática!" Cantar de los Cantares 4:10

La mayoría de las personas piensan que tienen que estar "enamoradas" para poder casarse, y que si no lo están entonces significa que esa relación no es idónea para ellos. Esto es un mito. Las parejas que basan su relación matrimonial solamente en sus emociones y sensaciones, están sentenciando el futuro de su matrimonio. Por esa razón, muchas parejas se divorcian antes del tercer año de haberse comprometido en matrimonio. Y muchos llegan a pensar "me *equivoqué de pareja", "esta no es mi alma gemela", "Dios tiene a alguien mejor para mi".* Todas estas aseveraciones son completamente FALSAS. Dios respeta la pareja que TU escogiste, y delante de Sus ojos, TU matrimonio es sagrado y no se puede deshacer.

La falta de "amor romántico" NO es una causal para un divorcio, pero si puede causar desánimo y frustración cuando la persona no entiende que el amor romántico es pasajero. Ese no es el verdadero amor.

En griego existe una palabra para el amor apasionado, desmedido y vivo. La palabra es: EROS. Este tipo de amor es un deseo apasionado y sin control. Es el enamoramiento. Es el tipo de amor del que la sociedad habla; pero no es el tipo de amor que Dios espera de nosotros. No aparece ni se menciona en la Biblia vinculado a la relación de pareja. Es el amor lujurioso, erótico y sin control.

Agabah y erao (hebreo y griego respectivamente) se refieren a un tipo de amor apasionado, descontrolado y meramente carnal. Es la mera atracción y amor emocional-carnal que sienten dos personas entre sí.

Estos sentimientos son muy comunes entre los jóvenes y suelen confundirse con el amor verdadero ya que nos incita a "hacer lo que sea" por la otra persona. El enamoramiento en sí no permanece, es decir, no es para siempre. Puede transformarse en desilusión si no logramos lo que deseamos, en este caso a la persona que pretendemos.

Padres de familia, enseñen a sus hijos el verdadero sentido del amor verdadero. El amor del que habla la palabra de Dios. Existe un mito que dice que una pareja debe estar enamorada para poder casarse. Esto es falso. Porque el amor erótico y romántico tiene una vida limitada. Tarde o temprano se extingue. Y si una pareja basa sus emociones solamente en este tipo de amor, su relación fracasará. Enseñen a sus hijos que cuando una pareja lo que siente es enamoramiento, la relación se convierte en una obsesión e incluso en un tormento.

Muchos jóvenes tienen una pareja y están enamorados pero, sin embargo, no pueden casarse todavía; ya sea por la edad o porque aun no terminan sus estudios o simplemente porque no están preparados económicamente. Esto los coloca en una situación de estrés que la mayoría de las veces culmina con relaciones prematrimoniales y con embarazos no deseados. La palabra de Dios habla muy fuertemente en contra de las relaciones sexuales fuera del matrimonio. Las consecuencias son graves. Si usted, amigo o amiga que nos lee, está viviendo íntimamente con alguna persona y NO se ha casado, debe arrepentirse, volverse a Dios y ordenar su vida. Toda relación debe tener compromiso.

Debemos recordar que lo que agrada a Dios es aquello que genera compromiso. Esto es duro de aceptar hoy en día pero si se quiere seguir la voluntad de Dios en todo esto, hay que estar dispuestos a renunciar a nuestras propias prácticas y esquemas mentales. Nuestra sociedad dice: "Cásate con aquella persona que amas". La palabra de Dios dice: "Ama, a aquella persona con quien te casas".

Nuestras emociones no deben guiarnos. Sino el Espíritu de Dios.

Etapa II: Realidad

Toda pareja pasa por esta etapa. Sin embargo, algunos llegan a ella antes que otros y su reacción dependerá de la etapa anterior. Es decir, si una pareja se casó perdidamente enamorada, esta etapa será de desilusión y angustia. Sobre todo porque han puesto "los pies sobre la tierra."

La sociedad nos vende la idea de que el verdadero amor es el amor romántico y que se siente bonito. Nos hacen creer que si tenemos que poner empeño en el, no es amor verdadero. Al sentirse desilusionados, muchos se rinden y optan por divorciarse, creyendo que escogieron a la persona equivocada para casarse.

Comienza poco a poco a develarse lo que no había podido aparecer antes. En el noviazgo somos presos de la ilusión: se cree que todo será color de rosa. No se ha experimentado la convivencia diaria, los roces diarios, los defectos diarios.

En el noviazgo sólo se ven las rosas; nunca las espinas. Éstas se comenzarán a ver ya en el matrimonio, en medio de la convivencia diaria. En el noviazgo el amor viene en un espejo deformado que lo hace más grande y mejor de lo que es en realidad. Se había construido una imagen ideal, no real.

En esta etapa del matrimonio la producción de esos neuro-químicos que mencionamos anteriormente, comienza a decaer y las sensaciones que antes sentíamos desaparecen. Y como hemos hecho de la otra persona "el objeto responsable de nuestro afecto", entonces le culpamos cuando ya no sentimos lo mismo. Es en esta etapa que comenzamos a ver a la persona tal cual es, y empezamos a notar defectos que antes no veíamos. Creemos que el amor está muriendo, cuando en realidad lo que está desapareciendo es el neuro-químico. Por eso muchas parejas caen en el juicio, la critica, el sarcasmo y el enojo. Se comienza a arraigar una raíz de amargura y el resentimiento aflora. Las demostraciones de amor y afecto se desvanecen y se concentran las fuerzas en herirse el uno al otro. Hay que tener mucho cuidado, porque es en esta etapa que muchos se tornan a otras personas tratando de llenar el vacío de amor. Otros permanecen juntos por los hijos, o por temor al que dirán y las responsabilidades financieras que sobrevendrán. Terminarán viviendo bajo un mismo techo pero sin vínculos que les unan.

¿Que hacer?

Dios no desea que seas infeliz ni que vivas en angustia, estrés o desilusión.

El estrés trae conflicto en la pareja y destruye la comunicación, la admiración, el respeto, el afecto, la transparencia, la conversación, la satisfacción sexual, la compañía y el romanticismo.

Dios quiere lo mejor para ti y está dispuesto a ayudarte. Si está atravesando esta etapa: No se de por vencido. Puede comenzar por fomentar situaciones que promuevan la comunicación y la cercanía. Comprenda la etapa por la cual esta pasando y haga algo al respecto. La queja y la depresión deben erradicarse.

Etapa III: Adaptación

En esta etapa las parejas trabajan para renovar su relación en una base práctica aprendiendo sobre sus necesidades y manejando sus diferencias y áreas de conflicto. Esta es una etapa de aprendizaje donde la pareja descubre y reconoce que tiene el poder de realizar cambios en pro de la relación soñada que ambos tenían al casarse.

Aquí se aprenden y practican nuevas herramientas que ayudarán al matrimonio de manera práctica y consistente. La pareja aprende a adaptarse y a sentirse cómoda con su compañero/a. Busque parejas felices que tengan relaciones estables por más de 20 años y descubra los secretos de su felicidad y de cómo enfrentaron las etapas difíciles. Busque información en referencia al matrimonio según Dios. Asista a seminarios y talleres matrimoniales que le motiven y ayuden a encontrar y mantener estabilidad en pareja.

No se enfoque en los errores de su compañero/a sino que percátese de sus propios errores y decida cambiar.

Cada etapa es diferente en cada pareja. Muchos toman años antes de pasar de una a la otra, o pasarán varias etapas en muy corto tiempo. Lo importante es identificarlas y hacer algo positivo al respecto durante cada una de ellas. Lo primero que debe hacer es buscar ayuda en Dios. La oración es poderosa. Dios no conoce limitaciones ni imposibles. Ponga su matrimonio en Sus manos y El actuará con autoridad y amor.

Etapa IV: Transformación

Es en esta etapa donde las parejas disfrutan de las ventajas de un matrimonio que satisface sus necesidades y que proporciona apoyo mutuo. Esto conduce a una intimidad más profunda a través de los años cuando la pareja comparte la experiencia de los altibajos en su relación.

En esta etapa se aprende comunicación y cambios de comportamiento. Busque otras parejas con las cuales compartir. Asistan juntos a talleres y seminarios matrimoniales y de la familia. No esperen a tener problemas para invertir en su matrimonio. Saquen tiempo de calidad el uno con el otro, a solas, como al inicio de su vida matrimonial. Esto fortalecerá cada vez más los vínculos de afecto y proximidad.

Abrace el cambio, propicie la transformación. Concéntrese en lo que usted debe cambiar y no en lo que su pareja debe hacer.

Etapa V: El Amor Verdadero

Esta es la etapa donde el respeto y el cuidado hacia la pareja se ha incrementado y ocupa un lugar importante en nuestro orden de prioridades. Esta etapa es donde el gozo, la intimidad, y la pasión se han fundido de tal manera que la vida juntos se hace emocionante y divertida. Tu pareja se convierte en tu mejor amiga/a y el matrimonio cobra un valor inexplicable. Esta etapa es la etapa de la cosecha. Verás los frutos de un matrimonio estable y duradero en tus propios hijos. La mejor herencia que le puede dejar a sus hijos, no es dinero ni educación, sino el ejemplo de un matrimonio feliz..

Lo mejor que puede dejarle a su descendencia es un matrimonio exitoso. Es muy difícil ser un buen padre si uno no tiene un buen matrimonio. Sus hijos aprenderán de tu matrimonio. De ustedes dependerá que sus hijos quieran tener un matrimonio igual o mejor al suyo. No hay nada más lindo y satisfactorio que escuchar cómo sus hijos se expresan de ustedes como pareja, y cómo sus metas y sueños se forjan por el ejemplo que ustedes les han dado.

Lo que ustedes quieran que sus hijos logren o alcancen en la vida dependerá de lo que ustedes como pareja hayan logrado. Si desea hijos exitosos, sea exitoso.

Desea hijos prósperos y buenos administradores, sea un buen administrador. Quiere que sus hijos tengan una moral intachable y que sean personas de bien y de principios, séalo usted primero. Esta etapa del amor de verdad, es posible y se puede lograr, pero hay un precio que pagar.

No va a ocurrir de la noche a la mañana. No se den por vencidos. Luchen con todas sus fuerzas, aunque a veces parezca difícil e imposible.

Por supuesto que si usted está viviendo una relación matrimonial llena de abuso y maltrato, hay que decir: "hasta aquí". Somos templo del Espíritu Santo y no podemos permitir que nada ni nadie lo dañe. Sin embargo, Dios es un Dios de milagros y TODAVÍA SUS MILAGROS ESTÁN VIGENTES⍰⍰ Pon tu matrimonio en las manos del Señor, confía en El y El hará un milagro en tu cónyuge y en ti mismo.

Capítulo Siete

El amor verdadero

Análisis exhaustivo de 1 Corintios 13
en el griego Koiné

El Amor Verdadero

El verdadero amor es el amor de Dios. El amor ágape. Cada cónyuge debe amar al otro con un tipo de amor especifico que explicamos en capítulos anteriores, sin embargo, este tipo de amor del que nos habla la palabra de Dios debe ser desarrollado en la vida de todo cristiano. El amor ágape tiene ciertas características que vamos a detallar en este capitulo.

El amor es sufrido

(makrothymeō: **μακροθυμέω)**

Esta palabra no tiene nada que ver con un sufrimiento masoquista, del que nos habla el mundo. Su significado verdadero es profundo y penetrante. En el original griego la palabra "sufrido" es makrothymeō: Se refiere a un amor que no desmaya, sino que persevera pacientemente y con valentía durante los problemas y desgracias. Es aquel amor que soporta ofensas y heridas. Lento para la ira y la venganza.

Lento en castigar. Nuestros matrimonios y nuestras familias necesitan este ingrediente primordial. Cuan necesario es perseverar con valentía en medio de las situaciones oscuras que tratan de opacar el amor. Dios nos está exhortando a obviar las ofensas y pasar por alto las heridas causadas en momentos de confusión. Hoy el Señor desea que eliminemos toda amargura y deseo de venganza de nuestro corazón. El quiere que dejemos de lado las represalias y la sed de castigo.

Muchas parejas, debido a las heridas y la falta de perdón, quieren tomar venganza en sus propias manos. Durante los problemas y situaciones difíciles, pierden la esperanza y dejan de actuar pacientemente. Llega un momento en que se sienten desmayar y dejan todo tirado como un mecanismo de defensa para no sufrir más.

El amor no tiene nada que ver con las emociones sino más bien con nuestras decisiones. Hoy en día, las parejas son influenciadas de manera negativa por la manera de pensar del mundo. La paciencia y el perdón parecen estar muy lejos de sus hogares. Por eso, en lugar de que su amor sea sufrido, la pareja pasa por un sufrimiento constante. Dios no desea que suframos. Somos nosotros quienes decidimos vivir en sufrimiento perenne. Como vimos anteriormente, cuando la palabra de Dios habla de que el amor es sufrido, se está refiriendo a un amor que persevera y no desmaya en los momentos más difíciles de la vida. Ese amor dice: "a pesar de todo, te sigo amando. A pesar de todo, confío en ti." "A pesar de las luchas y pruebas, podemos lograrlo"

Es muy difícil tener un matrimonio exitoso si no dejamos pasar las ofensas y permitimos que los agravios se asienten en nuestra vida. Tenemos que impedir que esas ofensas formen una fortaleza y bloqueen nuestra mente y nuestras emociones.

Note que allí NO dice: "El amor es sufrir". Sino que leemos: "el amor es sufrido".

El amor no promueve el sufrimiento de la otra persona. En otras palabras: No hace sufrir ni produce dolor a quien amamos. Este tipo de amor no toma venganza ni desea hacer pagar a la otra persona por sus errores. La venganza es del Señor y no nos corresponde a nosotros aplicar ningún castigo por las ofensas que los demás cometen.

Padres de familia, enseñemos a nuestros hijos el sentido correcto del amor verdadero. El amor del que habla la palabra de Dios. Pongamos nuestro matrimonio bajo los principios y directrices de ese amor y tendremos hogares exitosos y felices. Tomemos la decisión hoy como parejas de caminar por la vía del perdón, la paciencia y la perseverancia. Digamos hoy: "Nuestro amor es sufrido". "Nuestro amor persevera". "Nuestro amor sabe esperar". No permitamos que la falta de perdón haga una raíz en nuestro corazón.

Recordemos que todo comienza con una herida, que luego se asienta en nuestro corazón y produce resentimiento. Si seguimos abrigando dolor y no perdonamos, se convertirá en una raíz amarga que nos contaminará no solo a nosotros sino a los que nos rodean. Esa raíz echará más y más ramificaciones que atarán nuestro corazón, lo apretarán tanto que llegará un momento en que lo partirán en mil pedazos. Si estás quebrantado, es debido a que hay ramificaciones que están atando tu corazón, y la única manera de desatarle es a través del perdón. Si estás experimentando dolor y sufrimiento en tu matrimonio, es hora de perdonar. Es hora de aplicar en nuestros hogares esa perseverancia, valentía y paciencia que forman parte de los ingredientes necesarios de un amor sufrido. Haciendo esto, tendremos menos divorcios y menos maltratos en nuestros matrimonios y hogares.

El amor es benigno
(Jrēsteuomai: χρηστεύομαι)

La segunda característica de este amor es que es "benigno". Dios es benigno con nosotros y de la misma manera desea que nosotros mostremos benignidad hacia nuestros semejantes.

En el texto griego original encontramos que el adjetivo usado aquí es: Jrēsteuomai: e implica mostrarse suave, amable y bondadoso. Hay que mostrarse suave, dócil y manso de corazón. Una persona que dice que ama, debe "mostrar" ese amor con acciones suaves y benévolas. Quien ama, es compasivo y muestra misericordia.

Una persona que no tiene caridad con los demás en momentos de prueba, o en medio de situaciones adversas no conoce la benignidad. En muchos casos, uno de los esposos cuando se enfrenta a crisis financieras o emocionales durante la vida en familia tiende a actuar duramente en contra del otro cónyuge. Esta es una manera inadecuada de expresar la frustración y el desánimo. Es una manera de colocar los sentimientos de culpa sobre alguien más. La benignidad es un ingrediente primordial para experimentar el amor verdadero. La persona benigna se muestra flexible y dócil en momentos difíciles y reacciona de una manera ecuánime ante situaciones adversas, con el propósito de no afectar a aquellos que le rodean. La persona benigna no le añade más peso a los problemas sino que busca la solución del problema. El Señor nos está motivando a actuar con sabiduría y benignidad con aquellos más cercanos a nosotros. A veces tenemos más paciencia y misericordia con los que no tienen relación alguna con nosotros que con aquellos que están más cerca. La persona más cercana a nosotros en el hogar es nuestra pareja, en el caso de los que estamos casados. Por lo cual comencemos a practicar la benignidad acompañada de la compasión y la generosidad. Debemos mostrarnos amables, suaves y bondadosos. La benignidad es querer complacer a la otra persona antes que a nosotros mismos. El matrimonio no se trata de que nos hagan felices, sino en hacer feliz a la otra persona.

Existe un concepto erróneo que la sociedad nos ha enseñado y es que las personas deben casarse para vencer la soledad y lograr la felicidad. El matrimonio no es la cura para la soledad ni la infelicidad. Si un soltero se siente solo, seguirá sintiéndose solo; si alguien es infeliz siendo soltero, va a hacer a alguien más infeliz. El problema está en el corazón.

Los valores y principios

La compasión y la generosidad son valores que hoy se han estado perdiendo. Los valores definen las decisiones de una persona. Se ha dicho que existen valores para cada necesidad humana y tienen que ver con hacer el bien. Cada vez que pongamos en práctica un valor, estaremos obrando de buena manera. Un valor, es un hábito correcto adquirido. Los padres por ejemplo, deben entrenar a sus hijos en la adquisición de hábitos de comportamiento positivos.

Existen valores religiosos, morales, estéticos, intelectuales, afectivos, sociales, físicos, económicos. Cada uno de ellos debe desarrollarse desde muy temprana edad. Esos valores guiarán tu conducta personal. Proverbios 22:6 dice: *"Instruye al niño en su camino, y ni aun de viejo se apartará de él."* Si vamos al original en el hebreo se traduce: *"entrena al niño en su carácter moral y aun cuando fuere viejo no se apartará de sus principios."*

Generalmente, los valores se dividen en cuatro categorías importantes: Los valores personales, los valores culturales, los valores sociales y los valores de trabajo. Estos valores te ayudarán a distinguir entre lo bueno y lo malo. La pareja debe luchar por cultivar estos valores en la familia, pero sobre todo, deben luchar por vivirlos y practicarlos.

La benignidad es un valor que la pareja no debe dejar pasar por alto. La benignidad describe lo que es placentero y agradable. También, implica suavidad en aquello que de otra manera podría ser duro.... Alguien escribió que esta palabra es: "la gracia que apoya y penetra toda la naturaleza suavizando aquello que pudiera ser duro y áspero".

También recordemos que benignidad no significa debilidad ni ambigüedad. La benignidad es un ingrediente del fruto del espíritu de Dios, que va contra las obras de la carne.

La amargura y la dureza de corazón son obras de nuestra naturaleza humana, y la benignidad es el ingrediente que nos hace proceder suavemente ante las situaciones difíciles.

La benignidad es la barrera de contención que evita que nos caigamos en el barranco del egoísmo y el mal proceder. Sembrar semillas de benignidad nos asegura un árbol frondoso bajo el cual la familia encontrará refugio y seguridad. Unos esposos benignos darán a luz padres benignos. Padres benignos engendrarán hijos de buen proceder y con principios y valores establecidos.

La benignidad no es sinónimo de pusilanimidad. El hombre benigno no es pusilánime ni es débil. No se deja amedrentar ni es gobernado por el temor. La benignidad no implica cobardía, al contrario, es el combustible para la valentía y la ecuanimidad.

Permitamos que el fruto del espíritu Santo se desarrolle en nosotros. Si lo dejamos crecer, el amor verdadero florecerá y revelará benignidad en nosotros. Promovamos este valor en nuestra familia. Toma a tu cónyuge y a tus hijos y únanse hoy en un mismo sentir.

Pongamos nuestros hogares en las manos del Señor hoy.

El amor no tiene envidia
(zēloō: ζηλόω)

La palabra envidia utilizada en este pasaje es exactamente la misma que se utiliza para: celos. Según el diccionario griego – español este término griego ZELO significa: quemarse de celos, hervir en envidia, odio y cólera. Y lo primero que tenemos que identificar es que los celos son una obra de la carne, según Gálatas 5:19. Una obra de la carne es aquella actitud interna que me controla debido a que ha hecho una atadura en mi estilo de vida. Es cuando permitimos que se cree un vínculo de unión entre esta "obra de la carne" y nuestro proceder diario. Las obras de la carne involucran nuestras emociones y nuestras decisiones. Depende de nosotros si damos rienda suelta a lo que sentimos y dejamos que el dominio propio se aleje de nuestras vidas.

Una persona que es gobernada por los celos, está siendo gobernada por sus propias pasiones y sentimientos. Si nos dejamos llevar por los sentimientos solamente, sin ponerles un freno, es como cuando un jinete monta un caballo fuera de control, sin freno y *sin riendas.* Tú debes decidir el día de hoy tomar las riendas de tus sentimientos y actitudes, permitiendo que el espíritu de Dios sea el que guíe tu manera de actuar.

Cuando una persona no confía en el ser amado y por el contrario desarrolla sentimientos de esta índole, está violando el principio bíblico del amor. Lo más delicado es que los celos llevan a la contienda, a las heridas profundas y hasta a llevar a cabo actos inimaginables.

La persona celosa es quien ha sido traicionada en sus sentimientos y piensa que todos los demás van a herirlo. La persona celosa ve fantasmas por todos lados, y siente que todos están al acecho. Mientras que una persona que ama verdaderamente demuestra una seguridad en un Dios inconmovible.

Como la persona celosa ha sido traicionada por sus propios sentimientos, entonces como producto de esto ve traición en todos lados. Los celos le hacen perder la confianza y la razón. Y siente que la única manera de vencer la situación es controlando al ser amado.

Esto es muy triste, porque el amor no es controlador. El amor da libertad. La persona insegura de sí misma es aquella que busca seguridad, controlando. Busca saciar sus celos buscando una razón para mantener atada a la otra persona, sin darse cuenta que cuando uno ata y controla: pierde totalmente el objeto de su amor. Los celos asesinan el amor. Son el ingrediente perfecto para hacer fracasar un matrimonio o una amistad.

Los celos son el motor y el combustible para la envidia. La persona celosa también pasa deseando lo que otro tiene sin estar dispuesta a pagar un precio por lo que desea.

La envidia produce rivalidad, y llega un momento en que crea un abismo entre los seres que se aman. La envidia quema y destruye los puentes de comunicación, y el enemigo sabe que si destruye la comunicación destruye el amor y la amistad.

La persona envidiosa, también se convierte en un duplicador, en una copia de otra persona. Trata de reproducir aquello que desea o envidia en los otros y se frustra al no poder lograrlo. Pasa deseando las virtudes, talentos, dones y éxitos de los demás, pero no logra alcanzar lo suyo propio. Y es que la razón para esto es que los celos y la envidia son "el obstáculo" y el "impedimento" para la realización de los sueños y proyectos.

Los celos desean lo ajeno pero imposibilitan lo propio. La persona celosa y envidiosa no es original ni creativa, sino que se convierte en una reproducción de algo más que ha visto. Hervir de envidia y sentir cólera por la prosperidad y beatitud de los demás es una emoción ajena al corazón de Dios. Cuando no podemos alegrarnos por la prosperidad y felicidad de otros, cuando sentimos envidia de sus éxitos o cuando la antipatía toca a la puerta de nuestra alma, es una señal de que necesitamos purgar nuestro ser y arrepentirnos. De ninguna manera la bendición llegará a nuestra casa ni nos alcanzará la dicha.

Si no aprendemos a alegrarnos por el porvenir y éxito de los demás, encadenamos nuestro futuro.

Estaremos abortando toda posibilidad de avance en *nuestra vida.* Los celos y la envidia nos estancan y produce inmadurez emocional en nuestras vidas. No debemos permitir que estas actitudes afloren en nuestros hogares. No debemos permitir la envidia ni los celos entre esposos, ni entre hermanos.

Si en la misma familia no vencemos estas actitudes negativas, extenderemos sus efectos hacia todos los demás que nos rodean. Pero cuando damos oportunidad al Espíritu de Dios de tomar control de nuestras emociones y le pedimos que nos de dominio propio, las cosas cambian. Debes proponerte hoy que los celos no gobiernen tu vida. Demuéstrale a tus seres queridos que confías en ellos, que te alegras por sus éxitos y logros. Toma la decisión de quitar de en medio de tu familia toda envidia y contienda. Dios es poderoso para actuar dentro de ti si le das el control total de tu vida y de tus acciones. Déjalo entrar a tu vida hoy, recíbelo en tu corazón y permítele que te lo cambie. El pondrá un corazón de carne y quitará tu corazón de piedra. Y podrás experimentar su maravilloso amor y disfrutar de sus bellas bendiciones.

El amor no es jactancioso ni se envanece

(perpereuomai: περπερεύομαι) *(Fiusioō:* φυσιόω*)*

El término: "jactancioso" utilizado en este pasaje en su idioma original, o sea el griego koiné significa: presumir de alguien, tener auto-demostración de vanidad empleando adornos retóricos y elocuentes en alabanza excesiva hacia uno mismo. De la misma manera envanecerse significa hincharse de orgullo.

Hay personas que basan sus conversaciones y relaciones personales en ellos mismos. El tema central en cada situación es su propia persona. No dan oportunidad a otros de compartir lo que hay en su corazón.

El individuo que necesita siempre ser el centro de atención está demostrando su incapacidad de amar.

Quien ama, pone a los demás a la altura de sus propios deseos y sueños, sabiendo que Dios en su infinita misericordia le concederá las peticiones de su corazón.

La persona jactanciosa no sabe escuchar. No tiene oído para las necesidades ni situaciones ajenas. Dios nos hizo con dos oídos y solamente una boca. Si él hubiera deseado que el hombre se dedicara solamente a hablar y hablar, hubiera suplido más de una manera para lograrlo. Sin embargo, nos creó con dos oídos. Uno a cada lado, para poder escuchar en detalle. A veces solo oímos lo que deseamos, pero no escuchamos atentamente. A esto le llamamos audición selectiva. Somos selectivos en lo que deseamos escuchar, y a veces prestamos más atención a los chismes, cuentos y murmuraciones que a lo que realmente tiene importancia y valor. No es lo mismo oír que escuchar. El escuchar demanda poner todo nuestro interés en la persona que entrega un mensaje. Por eso también Dios nos hizo con dos ojos. Para fijar firmemente nuestra mirada en lo que tenemos en frente. Los ojos los colocó mirando lo que está delante de nosotros; no puso los ojos para que se enfocaran en nosotros mismos sino en lo que tenemos en frente. Vez tras vez Dios nos hace el siguiente llamado: "El que tenga oídos para oír que oiga lo que el Espíritu dice a su iglesia"

Nuestra alabanza debe ser dirigida hacia Dios, y no hacia nosotros mismos. Quien a si mismo se alaba, pone lazo a su vida; a si mismo se engaña. Dios busca gente que no se concentre en ellos mismos sino que le den toda la alabanza a EL. Dios está buscando personas que le adoren, y si los está buscando es porque están en escasez. Conviértete en uno que alaba y reconoce los méritos de los demás. No te llenes de orgullo por tus propios logros, porque el orgullo te infla y tarde o temprano te hará estallar. Serás como un globo lleno de aire, que al reventarse deja escapar su contenido y termina siendo nada.

Dios nos está impulsando a poner a los demás en una posición igual a la nuestra. No más arriba para no idolatrarlos, ni debajo de nosotros de manera que no exaltemos nuestro ego desmedidamente. Tenemos que poner en práctica la humildad en nuestras vidas. La persona humilde reconoce sus capacidades y talentos pero no se cree por encima de los demás. La persona humilde sabe también cuáles son sus debilidades e impotencias. Pero ha aprendido a aceptarse tal y como es. La palabra de Dios nos dice claramente: "Ama a tu prójimo: COMO A TI MISMO". Si no nos valoramos a nosotros mismos no podremos valorar a los demás. Si no nos amamos a nosotros mismos, no podremos amar a los demás ni reconocer en ellos sus virtudes y capacidades.

La persona jactanciosa solo piensa en ella misma. Su tanque emocional se llena con la alabanza propia y la de los demás. No es feliz si no pasa escuchando cumplidos y halagos de parte de los demás, pero él no es capaz de halagar ni reconocer lo bueno en los otros.

La única alabanza que debemos practicar desmedidamente es la alabanza a Dios por sus bondades y por su esencia. Alabamos a Dios por quien El es, no por lo que nos da.

Una persona egocéntrica y jactanciosa no sabe ni puede alabar a Dios, y mucho menos a su prójimo.

Considera a aquellos a quienes tienes más cerca. Intenta el día de hoy decirles una palabra de reconocimiento. Esposa, busca a tu marido y recuérdale todo lo bueno que reconoces en él. Anota cinco cosas positivas y buenas que tengan tu cónyuge, tus hijos o tus padres y díselas delante de alguien más. Dales gracias por dichas acciones y aliéntalos a seguir repitiéndolas. Hoy tú puedes hacer la diferencia en la vida de alguien hablando palabras de afirmación que salgan de tu corazón renovado. Quita tu mirada de ti mismo y ponla en Dios. Aleja de tu corazón la jactancia y el orgullo. Reconoce que eres débil y que sólo no puedes hacer nada; necesitas de Dios y de los demás para lograr tus metas y para ser feliz.

Recuerda que el que ama, es nacido de Dios. La persona que ama escucha y atiende a los demás, olvidándose de sí mismo y concentrándose en las necesidades inmediatas de aquellos que tiene a su lado. Toma la decisión el día de hoy de hacer algo diferente. Conviértete en un facilitador y no en un aprovechador. Cúmplele los sueños a alguien más y Dios cumplirá los tuyos. Lo que tú hagas suceder a otros, Dios lo hará suceder para ti�

El amor no hace nada indebido

(Asjēmoneō: ἀσχημονέω)

El término: "indebido" utilizado en este pasaje es Asjēmoneō. Este término griego significa: actuar impropiamente, obrar torpemente y ser ambicioso. Actitudes que todo hijo de Dios debe erradicar de su conducta diaria.

Cuando nos conducimos pobremente tomamos decisiones equívocas que nos afectan a nosotros mismos y a los demás. La torpeza y la ambición nos llevan a cometer graves errores. La falta de conocimiento y la ignorancia cierran las puertas de la bendición en nuestra vida. Puede ser que la gracia de Dios nos ponga frente a la oportunidad, pero nuestra torpeza y manera incorrecta de conducirnos, cierra la puerta. La ambición, nos enceguece, e impide que veamos las oportunidades y las puertas de bendición. Simplemente pasaremos delante de ellas sin pasar a través de ellas. ¿De qué te sirve una puerta si no la atraviesas y descubres lo que hay del otro lado?

Actuar indebidamente es también conducirse de manera ilegal e ilícita. La palabra en el original quiere decir: deformar el comportamiento y actuar indecentemente. Muchos cristianos se manejan de manera ilegal, injusta e indecente. Utilizan la mentira para lograr lo que quieren y la honestidad está lejos de la puerta de su hogar. Si como hijos de Dios, no podemos desenvolvernos honestamente, decentemente y honrosamente, nos engañamos a nosotros mismos. Este comportamiento nos destruye y derrumba por el hecho de mantener una vida de doble estándar; en otras palabras vivimos como si tuviéramos una careta; una máscara que cubre nuestras verdaderas intenciones... y sabes qué? Dios conoce todo de nosotros y puede penetrar hasta lo más profundo de nuestros pensamientos.

El amor verdadero no hace nada ilegal ni ilícito. No se involucra en relaciones interpersonales, noviazgos o amistades injustas o ilegítimas. Por ejemplo: involucrarse sentimentalmente con otra persona casada nos lleva directamente al adulterio. Conducirse íntimamente con alguien más sin estar casados nos pone en la puerta de la fornicación. Emprender negocios o involucrarse con gente que no tiene nuestros mismos valores ni principios nos llevará tarde o temprano a la ruina.

Muchas veces cometemos errores por ignorancia o descuido, y eso es entendible. Pero lo que no debemos permitir es cuando las decisiones que tomamos produzcan vergüenza y deshonor. Parte del significado de esta palabra en la Biblia, que estamos analizando, es también: verse en ignominia: es decir, en deshonor, descrédito de quien ha perdido el respeto de los demás a causa de una acción indigna o vergonzosa. Quien ha perdido su buen nombre, quedando en la degradación y deshonor.

Es muy difícil mantener una buena reputación, pero mucho más difícil es recuperarla. Una vez que se mancha el buen nombre, costará mucho trabajo limpiarlo. Nuestra manera de actuar manifiesta nuestra manera de pensar. La palabra de Dios dice en Proverbios 23:7: “Porque cual es su pensamiento en su corazón, tal es él.”

Pidamos al Espíritu de Dios que nos de sabiduría para poder actuar y conducirnos debidamente, especialmente cuando la presión de grupo nos aprisione.

En este día, Dios quiere darnos la fortaleza necesaria para poder tener un testimonio íntegro y afable para con los demás. Querido amigo, tú no tienes por qué dejarte influenciar por el montón. No pierdas tu individualidad ni originalidad. La gente que quiere calzar en un grupo y ser aceptado por el, pierde su propia identidad. No pierdas tu identidad. No hagas lo mismo que los demás, ¡anímate a ser diferente!

Comportarse indebidamente involucra nuestros pensamientos, comportamiento y decisiones. Comportarse indecorosamente significa actuar o desarrollar costumbres que violan o están en contra de las reglas establecidas de cortesía; es violar los niveles de respeto que cada edad requiere; es cuando desarrollamos una acción impropia, sinónimo de la indecencia; esto es aplicado a las palabras o acciones que deben ser suprimidas y quitadas.

El amor no busca lo suyo
(zeteo: ζητέω)

"El amor no busca lo suyo" y está en línea paralela con lo que enseña Filipenses 2: 4 "No busquéis vuestro propio provecho, sino el de los demás".

Muchas personas piensan que se han casado para que alguien más les haga felices. Piensan que el estado del matrimonio les cambiará su tristeza en alegría y que por fin vencerán la soledad que sentían antes de casarse. Pero no se dan cuenta que el matrimonio no cura la tristeza ni quita el sentimiento de soledad que uno pueda sentir. La realidad es que uno se casa para continuar siendo feliz, no para ser feliz. Si tú no eres feliz no podrás hacer a alguien más feliz.

El propósito del matrimonio es entregarse a alguien más para complementarle y agregarle felicidad a su vida.

La mayoría de la gente se casa con muchas ideas románticas en mente, con gran ánimo y anticipación, pensando que nos hemos casado para suplir nuestras necesidades emocionales y físicas. Es por eso que la palabra de Dios nos exhorta diciendo que el verdadero amor "no busca lo suyo". No es egoísta. Piensa en su pareja antes que en sí mismo. Cuando nos casamos pensamos que hemos encontrado a la pareja ideal y perfecta, pero poco tiempo después comenzamos a querer cambiarla, porque comenzamos a descubrir defectos y fallas que antes no veíamos, y algunos hasta llegan a pensar: "me equivoqué"; esta no es la pareja para mí.

Muchas personas buscan un beneficio cada vez que entran en una relación de amistad o interactúan con otros. Entonces cuando esa búsqueda se convierte en un camino de una sola vía, y el egoísmo es lo que proporciona combustible a la relación, lo mejor es salirse de ella. Si estás en una relación de noviazgo donde tu pareja parece solo demandar cosas de ti, lo mejor es dejarla. Si siendo novios esto está sucediendo, continuará estando casados. No cambiará. Lo que sea que tu pareja haga ahora, lo continuará haciendo. Si no te acompaña a la iglesia ahora no lo hará después. Si no busca a Dios ahora, no lo hará después. No existen los noviazgos misioneros.

El amor verdadero no es egoísta. Por eso, aquellas parejas que se casan con un entendimiento claro del rol que desempeñará cada uno, una vez que estén casados, tendrán éxito en el matrimonio. Por el contrario, aquellas que se casan solamente basando su relación en los sentimientos y el romanticismo, tienden a fracasar. El amor romántico no es más que un amor que busca lo suyo y no la felicidad del cónyuge. Es lo que llamamos un amor "centralizado" en uno mismo. Es el amor centralizado el que dice: *"te amo por lo que haces por mi; te amo porque te necesito";* mientras que el amor verdadero dice: "te amo porque te amo". Es una decisión madura y no un sentimiento desenfrenado. El matrimonio es una relación y para lograr una relación, se necesita comunicación. Generalmente las mujeres, no importa la cultura, buscan tener una relación con sus maridos, mientras que los maridos no buscan relación.

Esa es la razón por la cual muchos maridos buscan llenar sus necesidades fuera del contexto matrimonial. Lo cual está erróneo conforme a la palabra de Dios. La palabra de Dios nos enseña que es mejor dar que recibir. Debemos convertirnos en dadores. La relación del uno al otro debe ser sin egoísmos. El amor libera, no ahoga ni controla. Pero es necesario tener a Jesús como eje en tu vida si deseas que tu relación matrimonial prospere. Si tú no tienes una relación personal con Jesucristo, te invito a que la tengas el día de hoy. Coloca a Jesús como mediador en tu matrimonio y verás una gran diferencia.

El amor verdadero actúa con responsabilidad. El amor que solamente busca lo suyo, actúa de manera inmadura y egoísta. Hoy en día las parejas tienden a tener cuentas separadas, camas separadas, hasta vidas separadas. Quieren vivir casados comportándose como si estuvieran solteros. El matrimonio es un pacto y no solo un contrato. El propósito del matrimonio es unir a un hombre y a una mujer espiritualmente, emocionalmente y físicamente a través de una relación de pacto.

Si deseas que tu relación matrimonial cambie, analiza si tienes motivos egoístas en tu matrimonio. Revisa si siempre estás buscando llenar tus expectativas y tus propias necesidades. Si es así, debes arrepentirte y pedirle perdón a tu cónyuge. Un matrimonio egoísta, sucumbirá, fracasará y será destruido. La persona que busca siempre su comodidad es la que antepone sus necesidades por encima de las de los demás. Por eso este tipo de parejas escogerán un divorcio en lugar de trabajar en salvar su relación matrimonial. Si no cambias este pensamiento egoísta de tu matrimonio llevará a sentimientos fuertes de soledad y tristeza en tus hijos y tu cónyuge, y eso puede llevarlos a problemas peores como el consumo de drogas o a la pornografía. Decide hoy cambiar tu pensamiento y entregarle totalmente el control al Señor Jesús�

El amor no se irrita

(paroxiunō: παροξύνω)

En el texto original, esta frase quiere decir que quien ama no se enciende en enojo fácilmente ni se levanta en ira; pero también se refiere a: que aquel que ama no exaspera ni provoca a ira al ser amado. Cuantas veces, en la pareja se ha adoptado el comportamiento nocivo de impacientar y hacer enojar al cónyuge. Si usted, amado amigo, sabe que oprimiendo un botón equivocado puede causar una explosión, y que esta puede dañar su matrimonio, ¿por qué entonces lo hace?

El enojo es una emoción muy fuerte que estimula una acción agresiva. Es una reacción fisiológica y psicológica al dolor, el sufrimiento, la amenaza o el peligro. Muchas veces es un mecanismo de defensa. Cada persona tiene una respuesta diferente al enojo. Para algunos el enojo no representa un problema, se enojan, resuelven el problema relativamente rápido y ya pasan a otra cosa.

Otros expresan su enojo por medio de actividades que los calman, como el ejercicio físico, deportes y actividades similares. Pero sin embargo, para otras personas el enojo constituye un problema que no logran enfrentar. El enojo puede llevar a la frustración, depresión, ataques de rabia o situaciones estresantes.

Son muchas las situaciones que originan sentimientos de enojo, por eso consideramos de suma importancia conocer dichas situaciones para evitar contiendas. Los adolescentes, por ejemplo, son más susceptibles a expresar sentimientos de enfado y arranques de ira, debido a sus cambios hormonales y la presión de grupo. Otras situaciones que llevan al enojo son: la fatiga, el hambre, el sueño, las enfermedades, el dolor físico y emocional. También los insultos, ofensas y agravios disparan el enojo. Ahora, el enojo es una respuesta normal del ser humano ante diferentes situaciones. Lo alarmante es cuando reaccionamos de manera agresiva y explosiva.

Muy a menudo el enojo se acompaña de

pensamientos de venganza y esto nos puede llevar a humillar, criticar, juzgar peyorativamente, ofender, fastidiar y hasta a odiar a otra persona. Estos sentimientos nos van enfermando y nos contaminan.

En el ámbito de la salud, el enojo, nos hace daño repercutiendo en nuestro bienestar físico ya que la química de nuestro organismo pierde el equilibrio. Nuestro cuerpo empieza a descargar adrenalina y cortisol para recuperarlo. Las descargas frecuentes de estas substancias deterioran el sistema inmunológico, por lo que somos presa fácil de enfermedades tales como la gastritis, dermatitis, colitis o síntomas desagradables como dolor de cabeza y migraña.

Tenemos que aprender a manejar el enojo, pensando en las consecuencias que nuestra reacción producirá en nosotros mismos y en los demás. La próxima vez que el enojo y el enfado toquen a tu puerta, respira profundamente y repite en voz alta: "yo puedo controlarme" "en Cristo tengo dominio propio"; "todo lo puedo en Cristo que me fortalece". Mientras expresa esas frases, manifieste a las personas que le rodean que está molesto y que necesita un momento a solas para calmarse.

Consejos útiles

Queremos brindarles consejos prácticos con respecto a cómo hacer para manejar el enojo y los arranques de ira. Primero, retírese a un lugar privado y respire profundamente 2 o 3 veces cerrando sus ojos. Mientras respire, imagine una mancha negra muy grande en su pecho y cada vez que exhale imagine que esa mancha va saliendo poco a poco, hasta que desaparezca completamente. Continúe respirando lentamente. Dése cuenta que usted puede controlar esos sentimientos, en lugar de que esas emociones le controlen a usted. Una vez que esté en calma, regrese a la persona que le hizo enojar y, si la otra persona está calmada, dígale qué fue lo que le enojó o enfadó de su actitud o comentario. Explíquele por qué, y probablemente se sorprenderá de la respuesta. Esto proveerá una oportunidad de poder disculparse.

Proverbios 21:19 dice: " Mejor es morar en tierra desierta que con la mujer rencillosa e iracunda" y Proverbios 15:18 que dice " **El hombre iracundo promueve contiendas; mas el que tarda en airarse apacigua la rencilla –"** Nuestra relación con nuestros semejantes 'demuestra' y da evidencia de la relación que tenemos con Dios. Recordemos que Jesús dijo "por sus frutos los conoceréis" y el fruto del Espíritu es "amor, paz, paciencia .... dominio propio" (Gálatas 5:22)

El amor no guarda rencor

(logizomai: λογίζομαι)

El verdadero amor, no guarda rencor. Es decir, no lleva un recuento o una estadística. No lleva un control minucioso ni toma en cuenta el mal recibido.

En otras palabras, no atesora episodios dolorosos para luego repasarlos una y otra vez en nuestra mente. El amor está lejos de inventar males contra otros; El amor no medita en el mal que otro ha hecho, sino que se refugia en el perdón.

Cuando nos enojamos y meditamos en las razones que tenemos para no perdonar, pronto aparecerán pensamientos de juicio y aflorarán sentimientos de odio y más delante de rencor, buscando venganza por el dolor de quien nos lastimó. ¡Cuántas personas viven recordando y alimentando su rencor por cosas que acontecieron hace meses, años y generaciones�Se lastiman así mismos y no logran solucionar nada con ello.

Dios ha perdonado nuestros pecados y los LLEVO una vez y para siempre en la cruz del calvario, para que todo aquel que crea en Jesucristo, disfrute de su paz.

El verdadero amor sabe perdonar. Perdonar es soltar a una persona de nuestro juicio, dejando el castigo en manos de Dios.

La persona que lleva la cuenta de las cosas que los demás hacen en su contra, es una persona que se deleita en el sufrimiento. Si a ti no te gusta sufrir, pues debes tomar la decisión de perdonar. Cuando alguien guarda rencor, tiende a ver un enemigo en cada persona que tiene al lado. Pierde la confianza y siempre está temeroso de que alguien le haga algo. Piensa mal de los otros y cree que en cualquier momento le harán un daño. La persona que no perdona siente que todo aquel que le hace daño, le debe algo. El verdadero amor no duda de las buenas intenciones ni acciones de los demás.

Si en tu casa, lo que abunda es la falta de perdón, y se propicia el guardar rencor, tomándole en cuenta a los demás cada una de sus faltas, esa casa se ha convertido en una guarida de sufrimiento.

Es muy posible que las enfermedades y calamidades sean tus compañeras más cercanas. La falta de perdón produce enormes impedimentos para amar y ser amados; además produce daño emocional y físico para quien experimenta ese rencor. Cuando permitimos que el Señor Jesús tome control de nuestras emociones y, por supuesto, del pasado, reemprendemos un nuevo sendero y avanzamos en el proceso de restauración.

Guardar rencor es como tener un closet lleno de cosas viejas que no usamos. Y cuando falta espacio en el resto de la casa, no queremos sacar las cosas guardadas con tal de no limpiar el closet. En la vida, los rencores y resentimientos están a la orden del día.

No llenemos nuestro más preciado aposento con recuerdos del pasado que nos atan a las heridas y daños que los demás han querido depositar en nosotros. Ese aposento es el corazón. La Biblia nos exhorta a "guardar nuestro corazón" porque de el mana la vida. Pero si está lleno de rencor y amargura, de él no puede fluir vida.

El perdón me da derecho a cambiar y alterar cualquier situación que me permita cancelar la deuda de otra persona conmigo.

Perdonar es el acto de liberar a alguien de una deuda, es dar por finalizada aquella cuenta pendiente que ha habido entre usted y la persona que le lastimó.

Toma un momento ahora mismo para limpiar tu corazón y desalojarlo de todo resentimiento y rencor.

El amor no se goza de la injusticia sino en la verdad *(adikia:* ἀδικία*)* *(sugjairo:* συγχαίρω)

Esta palabra se refiere a la persona que se alegra de la difamación y degradación de los demás utilizando hechos que violan la ley y la justicia. La persona que ama verdaderamente no dejará que otros sean difamados por "agradable" que eso parezca. Mas bien el amor verdadero se goza juntamente con otros, compartiendo sus alegrías.

El amor todo lo sufre, todo lo cree, todo lo espera, todo lo soporta

(stego: στέγω)

Cuando leemos en este versículo, que el amor todo lo sufre, es necesario estudiar a fondo esta frase para lograr entenderla. Una persona que todo lo sufre, no es la persona masoquista que deja que la maltraten, la golpeen, la abusen y la irrespeten. El verdadero amor no es el que sufre abuso o menosprecio. La persona que ama de verdad se valora a ella misma y se da su lugar. Debe amarse a ella misma en el sentido de apreciarse y respetarse, de lo contrario no podría amar a nadie más.

El amor verdadero todo lo sufre y todo lo soporta. En el original griego esta frase se refiere a que la persona protege el objeto de su amor, cubriéndolo para que no sea vituperado. Quiere decir también guardar silencio con respecto a las faltas y errores de los otros, manteniéndolas en secreto. La Biblia dice que el amor cubre multitud de faltas; sin embargo, no dice que cubre TODOS los pecados.

Cubrir multitud de faltas no significa "consentir" el pecado. Lo que en realidad el verdadero amor hace es no divulgar las faltas de los demás, haciéndolas públicas. Hoy en día, todo el mundo trata de desacreditar a los demás, pasándoles por encima y ensuciando su reputación. Claro está, cubrir los pecados y errores de los demás no significa que nos pongamos de acuerdo con los mismos ni que consintamos el pecado. No es que vamos a ver al hermano cometer un pecado o una injus-ticia y nosotros nos vamos a quedar callados... NO?? Es nuestro deber ir y reprender en amor a dicho hermano, con el propósito de corregirle y restaurarle.

A lo que la palabra de Dios se refiere cuando dice que el amor todo lo sufre, es que el amor verdadero no expone los errores de los demás con el propósito de dañarles. Amado hermano, no ande divulgando los errores de su cónyuge ni levante murmuraciones en su contra. Su deber es ayudarle a llevar la carga y entre los dos buscar soluciones.

La persona que ama verdaderamente no cede ante las presiones ni las pruebas o circunstancias adversas. La fuerza del amor le da la energía para soportar, con valentía, cualquier situación que se le presente. Esta frase significa estar listo para creer lo mejor de cada persona.

Solamente la gente que cree en nosotros, que mira lo bueno y cree hasta el final, es la que realmente nos ama. La expresión "todo lo cree", se refiere a no buscar el mal en el hermano o en otros, a menos que ya sea evidente.

Tomemos la decisión hoy de llevar a cabo un gran reto: convertirnos en los protectores de nuestra familia. Quien practica el verdadero amor, no se desanima con la actitud ni las faltas de la gente, sino que cree en el cambio que Dios pueda realizar en ellos, teniendo esperanza y fe en dicho cambio. El amor «cree» en las personas. Puede ver el potencial en ellas. Cree que Dios puede tomar a la más indigna de ellas y convertirla en una obra maestra de belleza y gracia.

¿De qué nos sirve hablar en lenguas humanas y angélicas, si no tenemos amor? ¿De qué nos sirve entender todos los misterios y tener todo conocimiento, y toda la fe, que hasta traslademos los montes, si no tenemos amor? Hermano, ¿de qué sirve dar de comer a los pobres y hacer toda obra de caridad y dar toda ayuda social, si no tenemos amor verdadero?

¿De qué sirve entregar nuestro propio cuerpo para ser quemado, si en nosotros no hay verdadero amor? Cuando desacreditamos a los demás, hablamos mal de ellos, publicamos todas sus faltas y errores, ensuciando la reputación de los demás sin deseos de restaurar ni corregir, somos como un címbalo que retiñe y un metal que resuena, pero el amor no está en nosotros. Pidámosle a Dios misericordia, pues así como perdonemos a los hombres sus ofensas, de la misma manera seremos o no perdonados.

Utiliza esta etapa para descubrir y aprender el verdadero amor. El amor verdadero que no está basado en los sentimientos sino en las decisiones.

Debemos decidir perdonar y debemos decidir amar. Tome esta decisión con respecto a su cónyuge el día de hoy: "Quiero hacerte feliz". En lugar de: "Quiero que me hagas feliz". "Quiero servirte", en lugar de "Quiero que me sirvas".

Aprovecha esta etapa como una oportunidad para que Dios haga algo grandioso en tu matrimonio. Esta puede ser la puerta a la sanidad y al crecimiento personal.

La respuesta no es huir de la relación matrimonial ni tampoco lo es el tratar de encontrar a alguien más. Haciendo esto no resuelve la raíz del problema. Es muy probable que usted termine repitiendo la misma conducta y obtenga los mismos resultados en la próxima relación. En la relación siguiente volverá a tener que pasar por las mismas etapas. Es comenzar de nuevo, hasta que de alguna u otra manera se volverá a topar con "la raíz" que causó el fracaso anterior.

Capítulo Ocho

Las etapas psico-biológicas

Establecimiento de Normas
La llegada de los hijos
Desarrollo profesional
La crisis de la edad mediana
Etapa del despegue
La jubilación
Envejecer juntos

Etapas psico-Biológicas del Matrimonio

El matrimonio también pasa por etapas que involucran el aspecto psicológico y el área física. Es muy importante conocer un poco de los cambios y ciclos que pasa una pareja en cada una de estas etapas, con el fin de abrazar el cambio de manera positiva y con una actitud correcta.

A continuación vamos a explicar siete nuevas etapas que pasa toda pareja en el matrimonio, y usted comprenderá que lo que quizás está atravesando no le sucede solo a usted, sino que es un ciclo en la vida conyugal.

1. Establecimiento de Normas: Esta etapa surge por sí misma al inicio del matrimonio. Tiene que ver con las responsabilidades en la casa, la economía doméstica, la intensidad y frecuencia de las relaciones sexuales, etc.

Lo importante en esta etapa es la comunicación y la negociación. La pareja aprende a establecer orden en su hogar y comienza a delimitar reglas internas de comportamiento. Cada pareja es diferente y cada hogar tiene sus propias reglas por medio de las cuales toda la actividad es llevada a cabo.

Esta etapa es muy importante pues una vez que los hijos lleguen, habrá una normativa de comportamiento que les dará confianza y seguridad. Si la pareja no establece normas en su hogar, la llegada de los hijos va a ser muy difícil y puede generar crisis en la relación de manera innecesaria.

2. Llegada de los hijos: Todo cambia con la llegada del primer hijo. Es muy importante que los fundamentos, los pilares del matrimonio estén bien antes de empezar una familia. Las normas de conducta, rutina familiar y todo lo demás, se ve modificado con el nacimiento del primer bebé. Con la llegada del primer hijo la dinámica familiar varía por lo que es menester que la pareja esté consiente de esta etapa. La preparación del nido para dar la bienvenida a los hijos es esencial. Lo importante en esta etapa es ampliar el círculo de amor matrimonial, repartir las tareas de paternidad, redistribuir las tareas y continuar mejorando en la relación. Cuando la pareja no se prepara ni financiera ni emocionalmente para esta etapa de la vida matrimonial los resultados pueden ser muy negativos y hasta fatales para el matrimonio. La mujer tiende a sobrecargarse con las tareas de la casa, el cuidado de su esposo y el cuidado de sus hijos. Esto puede conllevar a una crisis y hasta la depresión por parte de la esposa. Ya ella no tiene tiempo para ella misma y se siente incomprendida y desanimada. Si la pareja no se prepara durante este ciclo los resultados serán devastadores. El esposo se sentirá dejado de lado pues todo va a girar alrededor del nuevo miembro de la familia.

Muchos maridos se sienten descuidados y ven al bebé como un intruso que ha venido a "robar" todo el tiempo que antes él y su pareja compartían. Por eso cuando se distribuyen las tareas domésticas, se planea lo financiero y se definen nuevas responsabilidades, se está actuando en "prevención" y a favor de mantener la relación matrimonial intacta.

3. Desarrollo profesional: Debido a la llegada de los hijos, muchas parejas sufren cambios internos en la dinámica del hogar. Muchos buscan otros trabajos para añadir a la economía de la casa y suplir las nuevas necesidades. Otros esposos deciden continuar con su desarrollo profesional y laboral para compensar el hecho de que la esposa tiene mayor dedicación a los hijos en esta etapa. Los cambios de profesión hacen que cambien las estructuras del matrimonio: horarios, intereses, descansos, etc. En esta etapa es importante que la pareja se una y apoye mutuamente, de lo contrario, se producirá una crisis que puede ser funesta. Muchas esposas entonces se sienten frustradas porque no pueden desarrollarse profesionalmente o laboralmente. Es un sentimiento de aprisionamiento. Es como estar entre la espada y la pared; entre sus hijos pequeños y su realización como profesional. Hay que tener cuidado porque es en esta etapa en que muchas parejas desarrollan celos profesionales y le dan la bienvenida a una crisis fatal que puede destruir su matrimonio. Pero cuando la pareja se prepara con anterioridad para la llegada de esta etapa, la recibirán con alegría y sacarán provecho de la oportunidad que se les ha presentado.

4. La crisis de la mediana edad: Esta etapa no es universal, pero es bastante común. Es una crisis que puede ser dolorosa y difícil si no se hace algo al respecto. Es un período de descontento y auto-cuestionamiento muy común en las parejas de la mediana edad. Parece surgir alrededor de los 40 años y dura unos diez años. La mujer se acerca a la MENOPAUSIA y el hombre LA ANDROPAUSIA. La irritabilidad es alta. Los choques de temperamento están a flor de piel. Existe mucha sensibilidad en la relación y todo se toma de manera personal. Matrimonios que antes parecían no tener ninguna crisis comienzan a darse cuenta de que las grietas internas "invisibles" comienzan a hacerse evidentes. El hombre comienza a ausentarse más de la casa debido a que prefiere estar en un ambiente más relajado que enfrentar un ambiente hostil y tenso. Aumenta la negatividad. Ambas partes comienzan a desarrollar quejas constantes y eso hace que tanto el hombre como la mujer busquen diferentes ambientes, tratando de huir de su realidad. El aspecto espiritual y emocional puede dañarse y es por eso que este es un tiempo importante en que la pareja debe aprovechar para desarrollar actividades juntos que tengan que ver con su desarrollo espiritual y emocional. De lo contrario puede haber infidelidad.

5. El despegue de los hijos: Cuando los hijos se van, porque han hecho sus vidas, se produce un vacío grande en el matrimonio. Muchas veces y de manera inconsciente los padres no aceptan esta marcha y empiezan a crear una excesiva dependencia de los hijos que se han marchado.

Les llaman todos los días, los hijos no pueden tomar ninguna decisión por sí mismos, primero tienen que consultar a los padres, etc. Es muy importante que la pareja aprenda a invertir tiempo en si misma antes de que los hijos se vayan. Muchos divorcios ocurren también en esta etapa debido a que no se invirtió tiempo de calidad con el cónyuge. Los hijos se van y se dan cuenta de que no hay nada que los una. No comparten ninguna actividad ni ninguna meta. Esta es la famosa etapa llamada: el nido vacío.

6. La jubilación y nuevas metas: La jubilación es el inicio de un período en el que disponemos de más tiempo que nunca para estar juntos. Hay que reajustar la vida, los horarios, las ocupaciones. A veces se genera una sensación de que somos inútiles. El lado positivo de la jubilación es el tiempo. Tiempo para hacer todo aquello que durante años no pudimos hacer a causa de nuestros trabajos. Hay que prepararse para recibir con alegría y ánimo todo el tiempo libre y ocuparlo con propósitos y metas definidas.

7. Envejecer juntos: Cada vez será más frecuente que la gente se case a edades avanzadas. Aquí la pareja tiene que volver a establecer una nueva forma de relacionarse y quererse. La idea de envejecer juntos debe ser primordial. No hay nada más lindo que cuidar y pasar tiempo con la persona que compartió toda su vida con nosotros. Por eso, tu que eres joven, invierte amor, perdón, ánimo, fortaleza y pureza en tu relación ahora, para que cuando seas viejo no te desilusiones.

Capítulo Nueve

Los Aniversarios de Boda

Aniversarios de Bodas

Enseñanzas de vida aprendidas

Debido a la tradición de entregar a los esposos un regalo en cada uno de sus aniversarios de boda (cada año) los obsequios estaban confeccionados con diferentes materiales progresando de los más frágiles a los más sólidos conforme iban pasando los años. De esta manera, se simbolizaba la mayor fortaleza de la relación. En el cuadrito de abajo hemos puesto las diversas etapas del matrimonio de acuerdo con los años.

1-3	Luna de Miel (transición y adaptación)
4-6	Aprendizaje y Negociación
7-10	Aceptación (reafirmación como pareja)
10-15	Compenetración y Crecimiento
15-20	(diferenciación y realización)
20-25	Maduración y siembra
30-35	Cosecha (bodas de Plata)
40-50	Re-encuentro (estabilización)
	Cumplimiento (bodas de Oro)

Los materiales con que se hacían los regalos dieron nombre a los diferentes aniversarios tal y como todavía los conocemos hoy en día: plata, oro, diamantes, perla, platino, etc. A continuación hicimos un estudio de cada uno de los aniversarios existentes, sacando una moraleja y consejos prácticos aplicables a nuestros matrimonios el día de hoy. De ahora en adelante, mira cada aniversario como una etapa emocionante en tu vida conyugal, y saca provecho de la misma.

1 año: Bodas de Papel

El papel es nombrado en el Nuevo Testamento en 2 Juan 1:12 : Tengo muchas cosas que escribiros, pero no he querido hacerlo por medio de **papel** y tinta, pues espero ir a vosotros y hablar cara a cara, para que nuestro gozo sea cumplido."

Etapas de proceso: Para lograr un producto terminado, el papel pasa por diferentes procesos: refinado, encolado, y carga. El proceso de refinado es importante porque determinará el grado de resistencia que tendrá el papel al doblado, reventado y cortado. La etapa del encolado tiene como finalidad evitar la penetración de líquidos en el papel que originan problemas de resistencia y de impresión. La última etapa que es la carga, es la que contribuye a darle cuerpo al papel y aumentar su resistencia.

Estas tres etapas también son aplicables al matrimonio. Durante el primer año, la pareja pasa por diferentes circunstancias que retarán su resistencia, demostrando que pueden soportar el doblado, reventado y cortado que las pruebas intentarán darle a su relación.

También la vida nos enseña y entrena a evitar que las pruebas agrieten nuestra relación de pareja, evitando la penetración de actitudes negativas tales como: la falta de perdón, el enojo, irritabilidad y amargura. Es necesario que la pareja permita que el Espíritu Santo derrame de Su unción cada día para impermeabilizar y fortalecer el matrimonio.

La unción y la gracia de Dios nos ayuda a sellar nuestro corazón en contra de agentes extraños que quieran dañar nuestra relación matrimonial. Dios quiere dejar impreso Su sello en nuestro corazón y en el corazón de la pareja como tal.

Durante la última etapa: "la carga", la pareja deberá tomar la decisión de eliminar toda carga y poner el yugo y carga de Jesús que son ligeros:

"Llevad mi yugo sobre vosotros y aprended de mí, que soy manso y humilde de corazón, y hallaréis descanso para vuestras almas, porque mi yugo es fácil y ligera mi carga» Mateo 11: 29-30.

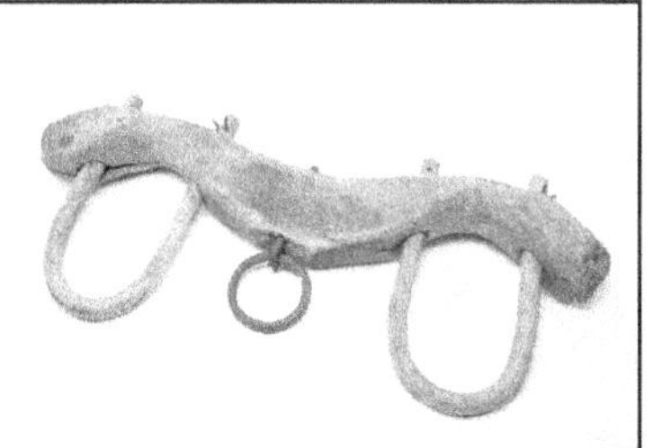

2 AÑOS: BODAS DE ALGODÓN

En un principio la palabra algodón significaba un tejido fino. El algodón tiene propiedades únicas de durabilidad, resistencia y absorción.

El algodón es mencionado en el Antiguo Testamento bajo el nombre de "karpas" (Ester. 1: 6). De todos modos, no se distingue totalmente entre lino y algodón y es posible que ambos fueran usados en el Santuario refiriéndose a ellos como: "material blanco en general."

Etapas de proceso: En el ciclo del algodón, después de la maduración del fruto se produce la dehiscencia, abriéndose la cápsula. (En botánica es la apertura espontánea de un órgano vegetal una vez llegada a su madurez) Hay gran número de cápsulas que no llegan a madurar. Se requieren períodos secos durante la maduración y apertura de cápsulas. Durante los 30 días que preceden a la floración, el algodón es muy sensible a la sequía. Durante los dos primeros años, el matrimonio está concentrado en si mismo, deleitándose el uno en el otro y disfrutando su nuevo estado como pareja.

Es necesario que para esta etapa la pareja comience a madurar socialmente teniendo relación con otras parejas, saliendo de su cápsula. Tiene que ser algo espontáneo, no puede forzarse, pero si puede motivarse y alentarse. Hay muchas parejas que no logran pasar esta etapa y madurar. Por ese motivo se hacen susceptibles a las heridas y traumas que pueden ocurrir durante esta etapa de maduración. Es aquí cuando muchos matrimonios piensan que no tienen salida a sus problemas y que solo a ellos les pasa lo que les pasa. El nivel de frustración se incrementa y el desenlace no es nada positivo. Es cuando viene la primera crisis: "La desilusión". El enamoramiento ha pasado y "ponemos los pies en la tierra". Comenzamos a ver a nuestra pareja tal cual es. Comenzamos a notar actitudes y comportamientos que antes pasaban desapercibidos. Como vimos anteriormente, estas sensaciones se derivan ante el desvanecimiento del efecto de "la hormona del amor" o el "neuro-químico amoroso". Por eso es importante acudir a otras parejas que hayan pasado por esa crisis y que la hayan superado.

3 Años: Bodas de Cuero o Piel

El cuero es piel curtida de animales. En otras palabras es la piel tratada mediante el proceso del "curtido". "Y Juan estaba vestido de pelo de camello, y tenía un cinto de cuero alrededor de sus lomos; y su comida era langostas y miel silvestre." Mateo 3:4

Etapas de proceso: Este proceso consiste en convertir la piel que se puede descomponer en cuero imputrescible (que no se pudre). La preparación de las pieles comienza curándolas con sal, para que no se pudran y conserven la flexibilidad. Durante los primeros años de la vida matrimonial es cuando la pareja desarrolla un sentido de resistencia y durabilidad. Estos años son muy importantes para la vida útil del matrimonio. Es la oportunidad de resistir y luchar en medio de cualquier situación tormentosa o de dificultad.

Podemos aprender del proceso de curtido del cuero. Es la oportunidad que le damos a Dios de convertir una relación efímera en algo duradero e imputrescible. El ingrediente primordial en este proceso de curtido es la sal: *"Y sazonarás con **sal** toda ofrenda que presentes, y no harás que falte jamás de tu ofrenda la **sal** del pacto de tu Dios; en toda ofrenda tuya ofrecerás **sal**." Levítico 2:13*

*"Vosotros sois la **sal** de la tierra; pero si la **sal** se desvaneciere, ¿con qué será salada? No sirve más para nada, sino para ser echada fuera y hollada por los hombres." Mateo 5:13 (El término "salado" es aplicado a un hombre en el sentido de ser " rápido, dispuesto")*

En la religión judía, la sal es muy importante. Una comida sin sal no era considerada una comida. Siendo muy importante en la alimentación diaria, también lo es en las ofrendas a Dios, consideradas "comida divina". Los recién nacidos eran frotados en sal (Ezequiel 16:4) debido a razones religiosas como protección en contra de los demonios. La sal también simboliza el pacto entre Dios y Su pueblo.

Todo matrimonio debe preservar su relación de pareja recordando el voto matrimonial hecho el día de bodas. La relación matrimonial debe ser "salada" con la sal del pacto. Es decir, ambos esposos deben ser "rápidos y dispuestos" a quitar todo obstáculo que pueda dañar su matrimonio.

4 años: Bodas de Lino/frutas/flores

El lino es originario de la región de los ríos Nilo, Eufrates y Tigris. Es una planta herbácea cuyo tallo se utiliza en la confección de tela y su semilla (linaza)se usa para producir el aceite de linaza.

"Harás para la puerta del tabernáculo una cortina de azul, púrpura, carmesí y lino torcido, obra de recamador" Éx 26:36

En el Templo de Ezequiel los sacerdotes, mientras ministraban, llevaban puestas ropas de lino (Ezequiel 44:17). El lino se siembra por la mañana en un día sereno y en una tierra cuyos terrones hayan sido cuidadosamente pulverizados. Para obtener una linda tela, el grano debe ser molido totalmente. El matrimonio debe sembrar cosas positivas en los días serenos, para cosechar serenidad en los días adversos. *"Por la mañana siembra tu semilla, y a la tarde no dejes reposar tus manos; pues no sabes qué es lo mejor, si esto o aquello, o si lo uno y lo otro es igualmente bueno." Eclesiastés 11:6*

*"El que **siembra** escasamente, también segará escasamente; y el que **siembra** generosamente, generosamente también segará." 2 Corintios 9:6*

La pareja debe convertirse en semilla, que al ser regada dará fruto según su especie. Para que juntos conformen un lino fino, una tela preciosa que agrade a Dios, deberán estar dispuestos a ser molidos, procurando que los terrones e impurezas que los empañen sean pulverizadas por la presencia de Dios en sus vidas. Solo el Señor puede hacer este trabajo sin dañar a la pareja. Recuerda que toda flor, especialmente las más finas, manan su mejor fragancia durante la hora más oscura. Es durante las pruebas que lo positivo y valioso sale a la luz.

5 AÑOS: BODAS DE MADERA

El festival de la madera se llevaba a cabo durante la época del Segundo Templo. Josefus, historiador en la época bíblica, también menciona este festival diciendo: "esta era la costumbre donde cada uno debía traer madera para el altar durante aquel día de modo que nunca hubiera carencia de combustible para el fuego eterno."

Según una tradición conservada en el Mishnah (Ta'anit, iv. 9, 10; Gem. pps 26, 31), durante aquel día, así como durante el Día de la Expiación, las doncellas de Jerusalén, ricas y pobres, sin excepción, vestidas de blanco, salían a danzar en las viñas con los hombres jóvenes, pidiéndoles que las escogieran como compañeras para toda la vida. Esta tradición secular es comparada con el día de los enamorados.

Proceso: La formación de la nueva madera en el tronco del árbol se lleva a cabo por una capa de células denominadas cambium. Cada año el cámbium origina dos capas de células adultas, que están situadas entre la corteza interna y la de más reciente formación (albura). El cambium es el responsable de la reparación, crecimiento en longitud y espesor del árbol. En la madera de más reciente formación tienen lugar dos importantes funciones: la conducción de la savia (desde la raíz a las hojas) y el almacenamiento de sustancias nutritivas. Todo matrimonio necesita del *cambium.* De ese proceso de formación que sucede cada año. Es el proceso de maduración donde la pareja se hace más responsable en la sanidad, crecimiento y fortaleza de la relación. Todos estamos sujetos al cambio y debemos darle la bienvenida. El cambio es bueno mientras nos haga mejorar. Esta etapa de la vida matrimonial es muy importante, pues depende de cuanta sanidad, madurez y crecimiento tenga la pareja para convertirse en "madera para el altar" de nuestro Dios. Juntos dándole gloria al Señor y manteniendo encendido el fuego del altar del sacrificio y del amor. De lo contrario podemos entrar a una crisis llamada "silencio". Aquí muchas parejas pierden la comunicación que antes tenían. Se guardan sus sentimientos por temor a no ser comprendidos o simplemente porque piensan que su situación no tendrá remedio alguno.

El silencio es bueno, pero cuando es temporal y en circunstancias especificas de meditación y crecimiento. Pero cuando el silencio crea una barrera y nos mete en una burbuja es cuando debemos hacer algo al respecto. Lo malo es que muchos solo rompen el silencio para herir o para maldecir: *"Job rompió el **silencio** para maldecir el día en que había nacido."* Job 3:1

6 AÑOS: BODAS DE HIERRO

El **hierro** es un elemento químico de número atómico 26 situado en el grupo 8 de la tabla periódica de los elementos. Es el cuarto elemento más abundante de la naturaleza. *"Con todas mis fuerzas yo he preparado para la casa de mi Dios, oro para las cosas de oro, plata para las cosas de plata, bronce para las de bronce, **hierro** para las de **hierro**," 1 Crónicas 29:2*

El símbolo del hierro en la tabla periódica es **FE**. Necesitamos de la fe para hacer que nuestros matrimonios funcionen. *"El **hierro** con **hierro** se afila, y el hombre con el rostro de su amigo." Proverbios 27:17*

Dios une dos personas totalmente diferentes y los convierte en uno.

Este es el mayor milagro que pueda existir. Somos la contraparte el uno del otro. Sabiendo esto, nos enfocamos al objetivo: afilarnos para prepararnos a entrar a la casa de Dios como ofrenda agradable. Nuestros caracteres y temperamentos se moldean y perfeccionan al chocar y afilar nuestras imperfecciones. Aprendamos la lección que encontramos en el libro de Eclesiastés que dice: *"Si el* ***hierro*** *pierde su filo, y no se vuelve a afilar, hay que golpear con más fuerza."* Recordemos que el sabio aprende con la instrucción mas el necio a punta de golpes. El secreto está en la línea siguiente: *"El éxito radica en la acción sabia y bien ejecutada." Eclesiastés 10:10.*

7 AÑOS: BODAS DE LANA / COBRE

La **lana** es una fibra natural que se obtiene de varios animales, entre ellos la oveja.

La lana es una proteína y atrae muchos insectos, y especialmente las larvas de la polilla. Es por eso que el pastor de ovejas unge a las ovejas, para evitar que la polilla arruine la lana y llegue hasta la piel de la oveja.

De la misma manera la unción de Dios protegerá tu matrimonio si dejas que el Señor ponga Sus manos sobre ti y tu cónyuge.

Este es el año de la bendición de Dios. Pídele a El que derrame de Su unción. Por otro lado, el cobre es **biostático**. Esto significa que las bacterias no crecerán en su superficie. Dejemos que este año sea el año del cobre en nuestra relación matrimonial. Que las bacterias espirituales del desamor, la desunión y el resentimiento jamás crezcan en nuestro hogar.

8 AÑOS: BODAS DE BRONCE

Bronce es el nombre con el que se denomina toda una serie de aleaciones metálicas. En este punto, la pareja ha aprendido a alearse. A compenetrarse.

La presencia de arsénico hace a esta aleación altamente tóxica, ya que produce –entre otros efectos patológicos: atrofia muscular y pérdida de reflejos.

La presencia de impurezas en nuestro matrimonio produce efectos tóxicos en la relación. Cuando un miembro de nuestro cuerpo se atrofia, no podemos realizar tareas básicas de desplazamiento ni de alcance. La pareja, de la misma manera, cuando su relación se atrofia no puede desplazarse hacia las metas que Dios tiene para su matrimonio, ni puede alcanzar sus sueños. Por eso es necesario revisar día a día nuestra vida para sacar todas las impurezas que nos estorban. El bronce es más fuerte que el hierro y más resistente a la corrosión. Cuando la pareja se da cuenta de cuan fuerte y resistente es, tornará sus pruebas en oportunidades para que Dios se glorifique.

*"quien adiestra mis manos para la batalla,
para tensar con mis brazos el arco de bronce."
Salmos 18:34*

9 AÑOS: BODAS DE BARRO / CERÁMICA

Proceso: La materia prima es la arcilla. El alfarero utiliza sus manos como herramienta primaria para la fabricación de la porcelana. Nuestro matrimonio está en manos del gran alfarero. El nos moldea y nos brinda toda clase de ajustes. Si El es nuestro alfarero, nosotros somos el barro y el barro no le dice al artesano lo que debe hacer.

La cerámica proviene de la palabra griega κεραμικός *keramikos*: "sustancia quemada"). Para obtener un objeto valioso es menester pasarlo por el fuego. Todo matrimonio pasará alguna vez por el fuego de la prueba y de la tentación.

*"Bienaventurado el hombre que soporta la tentación,
porque cuando haya resistido la prueba, recibirá la corona de vida que
Dios ha prometido a los que lo aman."Santiago 1:12*

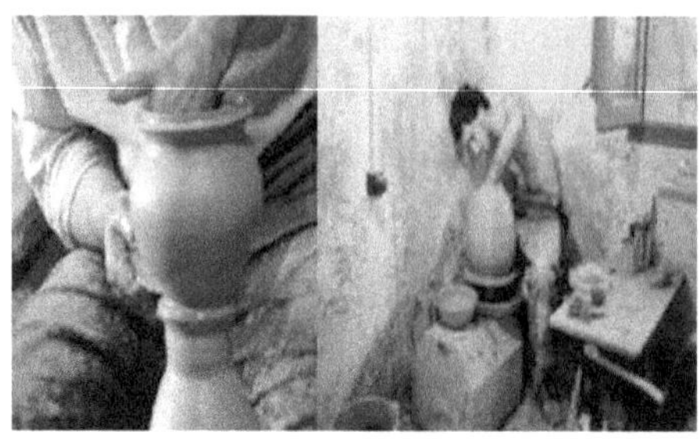

Salgamos vencedores en medio de las pruebas

"¿Acaso la obra dirá de su hacedor: «No me hizo»? ¿Dirá la vasija de aquel que la ha formado: «No entiende»?" Isaías 29:16

"Ahora bien, Jehová, tú eres nuestro padre; nosotros somos el barro y tú el alfarero. Así que obra de tus manos somos todos nosotros". Isaías 64:8

10 años: Bodas de Aluminio

Este metal posee una combinación de propiedades que lo hacen muy útil en ingeniería mecánica, tales como su baja densidad y su alta resistencia a la corrosión. El principal inconveniente para su obtención reside en la elevada cantidad de energía eléctrica que requiere su producción. Este problema se compensa por su bajo costo de reciclado, su dilatada vida útil y la estabilidad de su precio.

Todo en la vida tiene un precio. Para obtener un matrimonio exitoso hay que invertir mucho tiempo y esfuerzo. Producir una familia de acuerdo a las normativas divinas y obtener un matrimonio feliz requiere de mucha energía por parte de ambos cónyuges. Sin embargo, vale la pena lo que haya que pasar con tal de ver los resultados positivos que tanto hemos esperado.

11 años: Bodas de Acero

El acero es conocido desde la antigüedad. Quizás pudo haber sido producido por el método de fundición de hierro y sus óxidos en una chimenea de piedra u otros materiales naturales resistentes al calor. Se sopla aire — para que la masa porosa de hierro contuviese carbón. Es un material muy tenaz (En ciencia de los Materiales la tenacidad es la energía total que absorbe un material hasta romperse. Es la resistencia que opone un material a ser roto, molido o doblado) Es además, dúctil y maleable.

Dios quiere que seamos tenaces. Que podamos ser capaces de soportar una gran cantidad de energía y de pruebas.

El propósito no es romperse, sino fortalecerse. Debemos resistir y oponernos a ser rotos, heridos o dañados.

Santiago 1:12 dice así en el original (aplicado a los matrimonios)

Bienaventurados esos matrimonios que perseveran bajo la presión de la prueba y no se dan por vencidos? Recibirán el premio de la corona de la vida. Una vida plena en Cristo. Un matrimonio feliz y fructífero.

12 años: Bodas de Seda

La seda proviene de la fibra de la cual se conforma el **capullo** que cubre la **crisálida** del **gusano de la seda** (*bombyx mori*).
Esta larva tiene cuatro metamorfosis. A los 6 días experimentan una primera metamorfosis, suspendiéndose por un hilo de seda para rasgar su piel, de la que sale al cabo de unas 24 horas. Así es la vida matrimonial. Estamos sujetos a cambios y debemos estar dispuestos a pasar por ellos. Cada pareja es responsable de su propio capullo.

Muchas veces esto traerá como consecuencia un poco de dolor debido al acoplamiento entre dos caracteres y temperamentos diferentes, pero es necesario. En ocasiones y por diferentes circunstancias (comida escasa o inadecuada, defectos genéticos, condiciones externas adversas...) los gusanos no logran crear su capullo y deben realizar la metamorfosis al descubierto lo cual, aunque reduce su probabilidad de supervivencia, no es un impedimento para la finalización normal de su ciclo vital.

En resumen, la seda es expulsada por la oruga con el fin de construir un capullo donde pueda continuar con su metamorfosis. Para completar el capullo, la oruga requerirá de aproximadamente un kilómetro de seda. La pareja pasara por circunstancias fuertes con tal de producir un matrimonio de "seda" que brinde fruto agradable a Dios. El hilo de seda tiene elasticidad, resistencia, consistencia, duración y finura. La seda tiene, además, la cualidad de **conservar el calor natural**.

13 a•os: Bodas de Encaje

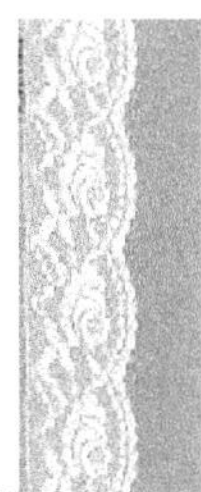

El **encaje** puede definirse como un tejido ornamental y transparente que se hace a mano y se adorna con bordados. Se llama encaje porque al principio, se solía hacer entre los bordes de dos tiras paralelas de lienzo, como si fuera una labor *encajada* entre ellas.

El matrimonio en esta etapa se enlaza con mayor fuerza. Ambos caracteres y temperamentos se encajan.

Después de un viaje que un familiar nuestro realizó, nos comentó que en Bruselas las bordadoras hacen el encaje en un cuarto totalmente oscuro, de donde mana sólo un poquito de luz y el mejor encaje se confecciona bajo ese hilito de luz. En la noche más oscura, siempre hay algo lindo que Dios va a tejer, aprovechando las pruebas más grandes en nuestra vida matrimonial.

> *"Luego te puse un* ***vestido bordado****, te calcé de tejón, te ceñí de lino y te cubrí de seda."*
> Ezequiel 16:10

•• a•os: Bodas de Marfil

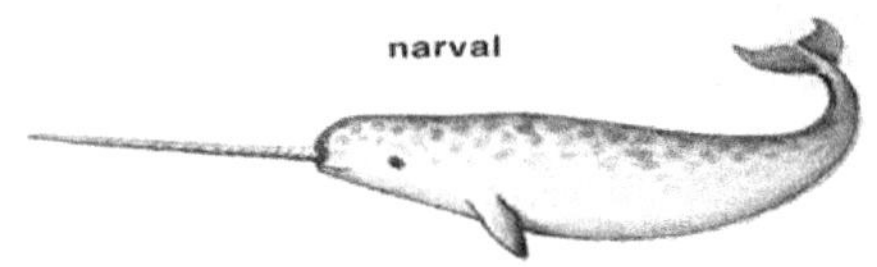

Marfil (árabe *mar-al-fil,* hueso del elefante) es el material blanco y duro que forma los colmillos o caninos de animales como los elefantes, morsas, hipopótamos, etc. Existe un animal llamado el Narval que Habita en aguas heladas del Ártico. Luce como el gráfico de arriba.

El narval es un cetáceo también conocido como unicornio marino, destacado por una rareza que intrigó siempre a la comunidad científica, un largo colmillo de puro marfil, que surge del lado izquierdo de su mandíbula superior. Este colmillo de marfil le ayuda a perforar el hielo en su hábitat natural, le sirve para la lucha en épocas de celo y como arma para la defensa. Cada matrimonio debe desarrollar un colmillo de marfil para perforar el hielo de la indiferencia y la falta de comunicación. En épocas de "celo" hay que tener presente que la confianza es un ingrediente primordial en toda relación de pareja, y no hay que permitir que hayan circunstancias que promuevan los celos y las contiendas.

15 años: Bodas de Cristal

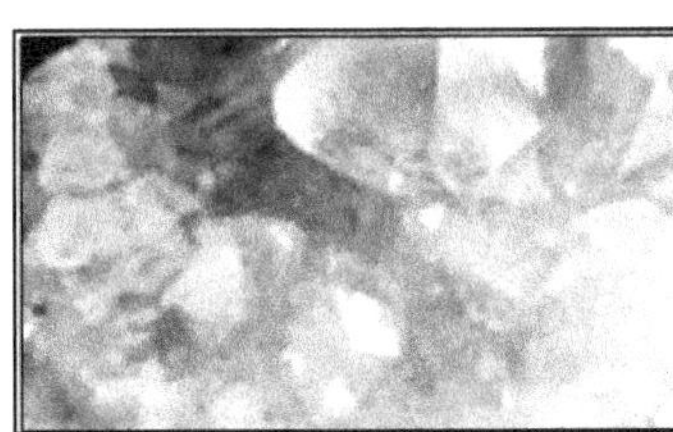

El **cristal de roca** o **cuarzo hialino** es el cuarzo en su estado más puro. Este es transparente al carecer de impurezas. El cristal de roca es el cuarzo natural incoloro que crece bajo presión en presencia de depósitos minerales. Apenas la Tierra fue formada, el calor intenso y la presión crearon condiciones ideales para formar el cuarzo.

El matrimonio que crece es el que puede soportar la presión y el calor intenso de las pruebas. El cristal de roca no se derrite ante la temperatura intensa ni se deshace ante la presencia del ácido. Si soportamos la intensidad de las pruebas, nuestro matrimonio no se disolverá ni terminará.

20 años: Bodas de Porcelana

La porcelana es un producto desarrollado por los chinos en el siglo VII u VIII e históricamente muy apreciado en occidente. Pasó largo tiempo antes de que su modo de elaboración fuera reinventado en Europa.

Cuando Marco Polo regresó de su viaje y escribió sus memorias, comentó sobre la belleza de la cerámica china y al mismo tiempo contó que sacaban muchas de estas conchas o porcelanas del mar. Como hasta el momento la fórmula seguía siendo un misterio, pensaron que tal vez esa cerámica estaba hecha con la concha nacarada del molusco llamado *porcelana*. Y con ese nombre se quedó. La porcelana de calidad más alta es la que ha sido horneada más tiempo. Se diferencia de la cerámica en que la porcelana no derrama líquidos. Tarde o temprano la cerámica se agrieta y deja verter su contenido.

Durante estos años el matrimonio ha aprendido a impermeabilizar su relación de pareja. Todo lo bueno y grato se queda adentro y no se derrama. La posibilidad de que la relación se agriete es cada vez más lejana; aunque no imposible. El matrimonio entra en una etapa donde pueden ocurrir cosas muy positivas o puede caer en una de las crisis que por lo general toda pareja enfrenta de no vencer la crisis anterior. La crisis del conformismo. El amor se transformó en hábito y el hábito en rutina. No hay que acostumbrarse a las peleas, ni al desamor, ni a la incomprensión. No hay que conformarse con lo mínimo. Un mínimo de palabras, un mínimo de abrazos, un mínimo de caricias. Esto conllevará tarde o temprano a una última crisis, que afectará la vida útil del matrimonio.

La porcelana se fabrica en cuatro etapas:

1. Se mezcla y amasa la pasta diluida en agua, cuyo principal componente es el caolín.
2. Se moldean las piezas.
3. Se pone al horno a temperaturas que van desde 1000º C a 1800º C.
4. Se decoran con esmaltes y vuelven a hornearse.

El proceso por el cual un matrimonio debe pasar para lucir bien, es un proceso largo y complicado. Es un proceso de pulido bajo altas temperaturas. Se debe pasar por el fuego dos veces antes de salir reluciente y con un acabado perfecto.

25 años: Bodas de Plata

La plata es uno de los siete metales conocidos desde la antigüedad.

Este elemento es el mejor conductor de calor y electricidad de todos. Sin embargo, la plata puede ensuciarse y rayarse muy fácilmente.
Su limpieza debe hacerse cuidadosamente para no dañarla. *"Abram era riquísimo en ganado, y en* ***plata*** *y oro."* Génesis 13:2

La plata no se encuentra fácilmente en los ríos ni en las superficies, como el oro. La plata conlleva una labor ardua porque debe ser sacada de las profundidades de las montañas.

Un matrimonio estable no es fácil; debe salir de las profundidades de la prueba para poder vencer. El Señor puede sacar tu matrimonio del lodo cenagoso de donde se encuentra. El te pondrá a salvo en lugar seguro y apacible. Y una vez estando allí, te limpiará cuidadosamente, con cariño y gracia. Te guardará en el hoyo de su mano, te sostendrá y no dejará que te caigas. Como el brillo de la plata, así tu matrimonio brillará e iluminará a otros.

30 años: Bodas de Perla

Las perlas son producidas por un molusco dentro de su concha. ¿Sabía usted que cualquier molusco que produce una concha es también capaz de producir una perla? Sin embargo, las perlas naturales son raras, encontradas quizás en uno de cada 10,000 animales. Al contrario de la creencia popular, las perlas casi nunca son el resultado de la intrusión de un grano de arena (material inorgánico) en la concha de una ostra. Una perla se forma cuando un irritante orgánico queda atrapado en el molusco. Un irritante orgánico puede ser resultado de herida o un parásito que se ha introducido en la concha.

El animalito siente el objeto extraño y entonces lo abriga con dos materiales: un mineral y una proteína — produciendo así la sustancia llamada el nácar. Básicamente el molusco esta "llorando" y sus lágrimas son de nácar.

Le toma a una ostra desde unos meses hasta muchos años el formar una perla, según su tamaño. Por ejemplo, la Ostra de Perla Negra forma unas siete hojas de nácar por día.

El color de la perla tiende a hacer juego con el exterior de la concha del molusco involucrado. Las perlas son mucho mas frágiles que el resto de piedras preciosas y pueden ser fácilmente rasguñadas y dañadas por metales o productos químicos. Como contienen material orgánico y agua, las perlas también pueden quebrarse al ser expuestas a la sequedad excesiva.

Un matrimonio de perlas no es fácil de lograr. Esas perlas que le adornan fueron una vez heridas y circunstancias que la pareja logró vencer unida. Muchas veces nos tomaremos años en cubrir una herida o resolver un conflicto, pero una vez que lo hacemos el resultado final es maravilloso.

Las parejas que tienen conflictos son las que se hacen más fuertes. Las crisis son necesarias en un matrimonio. Cada pareja desarrolla su propio nácar, su propia defensa. Si buscan consejo en la Palabra de Dios, el nácar que producirán será muy valioso y fuerte. Las perlas que darán como resultado serán como ninguna otra.

35 años: Bodas de Coral o Jade

Los **corales** son pequeños animales. Tienen la capacidad de fijar sobre sus tejidos el calcio disuelto en el mar y así formar las estructuras rígidas que los caracterizan.

El coral necesita aguas trasparentes y cálidas para desarrollarse.

El coral provee refugio para muchos otros animales.

Nuestro matrimonio debe convertirse en un refugio para otros y en una bendición a todo aquel con quienes tengamos contacto. Para que una pareja desarrolle su relación matrimonial necesita un ambiente transparente y honesto para que la pureza del matrimonio sea una característica a flor de piel. Un ambiente cálido y acogedor invita a la pareja a sentirse a gusto en medio de las circunstancias que atraviesan, no importa cuan difíciles estas sean. Pero si por encima de todo, la pareja esta desarrollándose en un ambiente hostil y tenso, y se conforma con ello, es muy probable entonces que sobrevenga la crisis final que puede terminar con un matrimonio: la indiferencia.

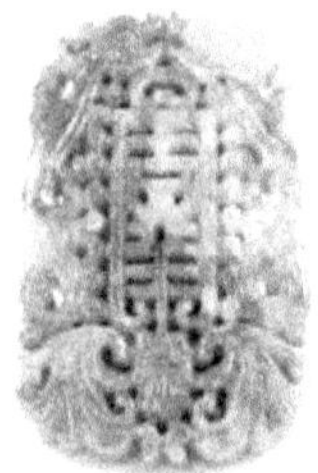

Por otro lado, tenemos el jade que era considerado sagrado por los mayas y los chinos quienes decían que el jade bendecía a todo aquel que le tocaba. El jade es también conocido como la piedra de los sueños y en muchas culturas se considera al jade como una concentración de la esencia del amor. También se le atribuía la facultad de traer paz, y calma a los ambientes turbulentos.

El matrimonio de jade brinda paz y calma a los que le rodean. Este matrimonio tiene la facultad de traer la paz en medio de los conflictos y poner en calma las tormentas más severas. Bienaventurada la pareja que ha descubierto este secreto�

40 años: Bodas de Rubí

El **rubí** es un mineral, con calidad de gema que pertenece a la familia de los "Corundum" o "Corindón". Su color se debe a las impurezas de cromo que contiene. El rubí es resistente a la corrosión pues es estable cinéticamente y térmicamente.

El rubí es muy durable y fuerte. En este punto del matrimonio la pareja ha aprendido a soportarse y aguantarse con sus propias debilidades y defectos.

El matrimonio de rubí es uno que tiene calidad de gema. Es de gran valor y estima. Es rico en sabiduría, prudencia y longanimidad. Ha tomado sus defectos más problemáticos y los ha convertido en sus más valiosos atributos. Ahora sus debilidades se han convertido en su fuerza. Este matrimonio no es fácil de corroer. Se ha hecho resistente a la critica y al desánimo. La pareja tiene estabilidad psicológica y emocional.

45 años: Bodas de Zafiro

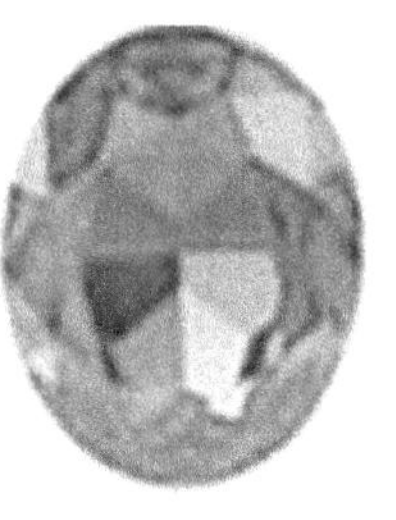

El zafiro es de la misma familia que el rubí y su color azul lo obtienen debido a impurezas de hierro y titanio. Los zafiros brindan diferentes colores al ser expuestos a distintos tipos de luz. En diferentes culturas el zafiro simboliza sabiduría, generosidad, pensamientos nobles y la paz con los enemigos. También simboliza verdad, sinceridad y devoción. El matrimonio de zafiro ha adquirido un color especial debido a su FE. Es una relación que ha crecido a través de los años por medio de las pruebas y circunstancias negativas. La fe se pone de manifiesto y brinda un "color celestial" a la relación.

Todos aquellos que se ponen en contacto con una verdadera pareja zafiro, son afectadas positivamente por su testimonio de Fe y amor.

50 años: Bodas de Oro

El oro es el más preciado metal en el mundo. El oro es indestructible y no se corroe. No le afecta el aire ni la mayoría de agentes químicos. El oro se ha empleado como símbolo de pureza, valor, realeza. Cuando el oro es expuesto a altas temperaturas no pierde su naturaleza original.

Una vez una mujer le preguntó a un orfebre encargado de pasar el oro por el fuego cuánto tiempo debía dejar el oro en las altas temperaturas, y si era cierto que él debía permanecer sentado frente al fuego durante todo el tiempo que el oro era refinado.

El hombre respondió:

—"Sí. No sólo debo estar aquí sentado sosteniéndolo, también debo mantener mis ojos fijamente en él durante el tiempo que está en el fuego, si fuese dejado un instante más de lo necesario, sería destruido.

La mujer se mantuvo en silencio por un momento y luego preguntó:

—¿Cómo sabe cuándo ya esta completamente refinado?

Él sonrió y le respondió:

—"Ah, muy simple: cuando puedo ver mi imagen reflejada en él".

Dios quiere ver su imagen reflejada en ti. De ahora en adelante no te preocupes, porque aunque pases por el fuego no te quemarás ni serás destruido. Dios tiene sus ojos puestos en ti y te sostiene de tu mano para que no seas destruido.

Él ***se se****ntará para afinar y limpiar la plata: limpiará a los hijos de Levi, los afinará como a oro y como a plata" Malaquias 3:3*

55 años: Bodas de Esmeralda

Es llamada la piedra del amor exitoso. El cromo es lo que le da su color verdoso, pero la esmeralda esta hecha de un mineral llamado Berilo. Los matrimonios de Esmeralda son matrimonios exitosos.

La esmeralda era colocada en la segunda fila del pectoral del juicio (Éxodo 28:15-18) Este pectoral era parte de las vestiduras sacerdotales. Este matrimonio tiene una investidura sacerdotal. Su sabiduría y experiencia son una herramienta valiosa para todos aquellos que forman parte de su vida.

Matrimonios de este tipo, son escasos, pero si los hay. Mi esposo y yo hemos conocido a varias parejas con mas de 50 años de casados. Son una bendición para la vida de los demás. La sabiduría que mana de ellos es indescriptible. Mucho hemos aprendido de matrimonios como este. Son un modelo a seguir.

60 años: Bodas de Diamante

El diamante es la joya más preciada del mundo. La dureza del diamante es tal, que sobre él se basa la escala de dureza de Mohs, asignándole diez como máximo posible. El nombre diamante proviene de una palabra griega que significa "el invencible". Aunque naturalmente los diamantes tienen sus propios destellos, éstos pueden ser mejorados y multiplicados bajo la mano paciente de un lapidario experto. Por su extrema dureza, el diamante sólo puede pulirse con otro diamante.

El matrimonio de diamante es preciado y poco común. Se ha convivido TODA LA VIDA juntos, hasta pulirse. Un matrimonio duradero ha sido el resultado de años de compenetración y de pulido extenuante.

El matrimonio fue hecho por Dios para durar TODA LA VIDA. Tal y como lo es el diamante.

Para obtener los resultados de un matrimonio de diamante, hay que comenzar a sembrar desde que tenemos un matrimonio de papel.

Quien hubiera creído que, al comienzo, solo era un papel que decía: "UNIDOS EN MATRIMONIO". Hoy en día tienen la palabra UNIDOS pulida en sus corazones.

65 años: Bodas de Platino

El platino es resistente a la corrosión y no se disuelve en la mayoría de los ácidos, pero sí en agua regia (solución altamente corrosiva y fumante). Su punto de ebullición es demasiado alto por eso es casi imposible derretirlo. Está siendo usado como un catalizador en la reducción de oxígeno. Esta es una reacción muy importante debido a su potencial en la producción de energía que podría ser usada para reducir nuestra dependencia en combustibles fósiles / petróleo extranjero. Ya a estas Alturas, el matrimonio es resistente a las pruebas, las etapas y los ciclos. Ningún agente externo les puede afectar con respecto a su relación fusionada de pareja.

75 años: Bodas de Brillantes

Un brillante es un diamante que ha sido sometido a un proceso de tallado y pulido. Los destellos de colores que despide se deben a un efecto especial en la retracción de la luz. La acción combinada de los reflejos de la luz sobre las facetas del diamante y la descomposición en colores de estos proporciona a los brillantes su fulgor característico.

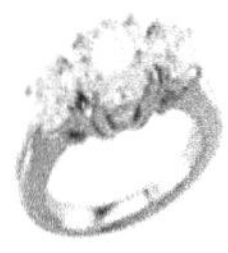

Cada etapa, cada año y cada estación, son una hermosa oportunidad para ser mejores. ¡No la desaprovechemos!

Capítulo diez

Las estaciones del Matrimonio

El otoño y el ejemplo de las ardillas
El invierno y el ejemplo de los cardenales
El verano, los tornados y murciélagos
Personalidad, temperamento y carácter
La primavera y el ejemplo de las zorras
Las zorras y los leones
Situaciones que dañan nuestra viña

LAS CUATRO ESTACIONES

DEL MATRIMONIO

»Mientras la tierra permanezca no cesarán la sementera y la siega, el frío y el calor, el verano y el ***invierno****, el día y la noche».*
Génesis 8:22

Cada matrimonio debe atravesar diferentes ciclos, etapas y estaciones. Cada uno de esos eslabones en el proceso son necesarios para el pulido perfecto de la pareja.

El otoño matrimonial

Sabía usted que las hojas son realmente rojas, amarillas, naranja, y marrones todo el año? ¡sólo que no podemos verlo? El pigmento verde intenso de la clorofila realmente bloquea los pigmentos de los otros colores. El cambio de la longitud en el día (fotoperíodo) que causa los cambios químicos de los árboles que conducen a colores brillantes comienza el 21 de junio, el día más largo del año, cuando el sol comienza a moverse al sur y los días se hacen más cortos. Las cosas que no sirven se mueren en otoño. Hay menos luz del sol porque

Como la luz del sol es un ingrediente crucial en la fabricación de la hoja, la hoja es incapaz de sostenerse más tiempo. Se debilita, se cae de la rama, y flota a la tierra. En el otoño del matrimonio la luz ya no luce fuerte e intensa. Es más bien, una luz tenue y pálida. Que sean las hojas secas del egoísmo y del sentimentalismo inmaduro las que hayan caído. Y que queden raíces sólidas y resistentes.

Otoño es tiempo de cosecha. Este matrimonio pasa a la estación en que maduran la sabiduría, la capacidad de juicio, la compasión, y serenidad. Las culturas más antiguas presentaron celebraciones otoñales de la cosecha, a menudo las más importante en sus calendarios. Estas celebraciones todavía son existentes en la fecha de Acción de gracias a mediados del otoño de los Estados Unidos, y las celebraciones judías de Sukkot cuyas raíces estuvieron en el festival de las cosechas de la luna llena "tabernáculos" (chozas en donde la cosecha era guardada y que más tarde ganó significado religioso).

El otoño matrimonial deja caer todo lo que no es provechoso. Permite que esta etapa en tu vida de pareja sea positiva. Deja caer la amargura, la falta de perdón y el egoísmo; y dale paso a raíces fuertes, que den fundamento solido a tu vida conyugal.

Visitantes típicos del Otoño: Las ardillas

¿Dónde viven las ardillas? típicamente viven en árboles - en agujeros en el tronco, o en los nidos del cuervo en el tope del árbol.

Las ardillas se juntarán y guardarán nueces y bellotas durante la semana última del otoño, sin embargo, no se las comen todas.

Muchos matrimonios se dedican a guardar malos recuerdos, rencores y heridas durante su vida matrimonial. Al igual que las ardillas, guardan infinidad de "bellotas" que no podrán comerse. No guardes cosas innecesarias en tu matrimonio. Tampoco cosas malas, heridas del pasado ni falta de perdón. Eso dañará tu vida familiar.

En el otoño hay vientos y también lluvias. Los vientos se llevan las hojas secas de los árboles. Las lluvias refrescan y alegran la tierra seca. El otoño tiene su encanto, pero también su melancolía.

El matrimonio aprovechará cada etapa de su proceso, para aprender y mejorar. Que cada hoja que caiga de tu árbol matrimonial se convierta en testimonio para los demás, medicina y restauración.

> *"Mis **hojas** nunca caerán ni faltará mi fruto. A su tiempo madurará, porque sus aguas salen del santuario. Mi fruto será para alimento y mi **hoja** para medicina." Ezequiel 47:12*

El Invierno Matrimonial

El invierno se acerca y los vientos del sur mueven las nubes. Esos vientos van azotando el ramaje de los árboles; y los mismos árboles zumban, se encorvan y gimen. El frío comienza a sentirse y cala hasta lo más profundo. En esta época la pareja puede cristalizar su amor y fortalecerlo o petrificarse y quedar inerte.

El invierno es desnudez y blancura. Desnudez, porque en invierno hay un desprendimiento de todo. Hay que aprovechar esta estación en nuestras vidas con el fin de desnudar nuestro corazón en honestidad y pureza. Desnudamos nuestra alma con nuestra pareja para dejar salir lo que nos incomoda y fortalecer lo positivo en nosotros.

El invierno es la estación pacífica, por excelencia. Y la caída de la nieve es un símbolo de paz. Lo más simbólico de la nevada es su silencio. La nevada cae en silencio. El silencio es positivo en la pareja cuando invita al descanso y a la tregua.

*"Mis **hojas** nunca caerán ni faltará mi fruto. A su tiempo madurará, porque sus aguas salen del santuario. Mi fruto será para alimento y mi **hoja** para medicina." Ezequiel 47:12*

Sin embargo, puede apoderarse del amor un cierto entumecimiento que hace que los silencios se extiendan y alarguen. En una nevada, todos los caminos de acceso a las casas y establecimientos se bloquean. Es peligroso cuando la comunicación se interrumpe y causa un bloqueo en la relación de pareja.

En el invierno hace frío. Por eso cuando la pareja atraviesa esta estación en su vida, es menester que hagan conciencia y que juntos decidan vencer ese "frío". *También, si dos duermen juntos se calientan mutuamente, pero ¿cómo se* ***calentará*** *uno solo?"* Eclesiastés 4:11 Aprovechemos nuestros tiempos fríos para "calentarnos" mutuamente.

También en el invierno todo se muere. Entre más frío y crudo el invierno, es mejor. ¿Por qué? Porque mueren todos los gérmenes y bacterias que más adelante pueden ser causantes de enfermedades contagiosas. Dejemos morir lo que no da fruto en nosotros: *Por eso, den muerte a todos sus malos deseos; no tengan relaciones sexuales prohibidas, no sean indecentes, dominen sus malos deseos y no busquen amontonar dinero, pues es lo mismo que adorar a dioses falsos." Colosenses 3:*

También Para muchos se ha adelantado la menopausia y la andropausia, no sólo en lo biológico sino en lo psicológico. La esposa, antes afectuosa y tierna, se hace una mujer fría, irritable e irritante. El hombre experimenta un declive en su virilidad y trata de reforzarla cambiando su comportamiento maduro a uno más inmaduro y juvenil. En esta etapa hay que estar alerta para identificar un ingrediente fatal para el matrimonio: la indiferencia.

El invierno sin embargo es una estación donde también las cosas renacen. Démosle oportunidad a nuestro amor de renacer. No nos desanimemos, sigamos adelante y perseveremos en buscar ese renacimiento.

Todas las parejas pasan por este ciclo de vida, por estas cuatro estaciones. Saquemos lo positivo y lo lindo de cada una de ellas, y no nos estanquemos ni nos conformemos con los cambios que deben sucederse.

Animalitos típicos del Invierno: Los Cardenales

Aquí se puede disfrutar de la victoria del amor y de sus frutos: paz, serenidad, gozo íntimo, si aprovechamos cada momento de silencio y de frío.

Generalmente en esta etapa del "invierno matrimonial" los hijos han crecido, el tiempo ha pasado. Por eso debemos recordar las crisis que han sido vencidas, no las batallas perdidas.

Tomemos ejemplo en "el cardenal". Este pajarito rojo le da vida al paisaje gris y blanco del invierno. Que nuestro matrimonio le de vida a esta estación fría y silenciosa. No nos dejemos vencer por los fuertes vientos helados. Los cardenales comparten canciones para comunicarse, y pasan cantando todo el invierno avisando que está a punto de acabarse. Seamos como este pajarito. Pasemos por esta estación sabiendo que las pruebas no durarán para siempre. Que pronto vendrá la primavera y nos reanimará.

Las tórtolas son los pajaritos que anuncian a "gran voz" el final del invierno. Son muy escandalosas y sus arrullos se pueden escuchar a varios centenares de metros.

"Ya ha pasado el invierno, la lluvia ha cesado y se fue; han brotado las flores en la tierra, ha venido el tiempo de la canción y se oye el arrullo de la tórtola en nuestro país." Cantares 2:11-12

El Verano Matrimonial

Esta estación puede ser una de las más hermosas cuando se saca provecho de cada etapa y de cada reto.

Sin embargo, el calor del verano puede resecar el amor de muchas parejas, si se descuidan. Para muchos su matrimonio se vuelve una sequía constante y el calor les asfixia. Los días en el verano son más largos. El sol se oculta cada vez más tarde.

Esto puede ser tanto positivo como negativo para la pareja que se encuentra en esta etapa. Para quienes están atravesando problemas fuertes, riñas y peleas continuas, los días se hacen eternos. Pero para los que han cambiado de perspectiva y miran sus problemas como "retos", esta es tan solo una oportunidad que se les presenta para trabajar más arduamente en su relación.

Para quienes su "terreno" está agrietado por la sequía, el verano solo viene a añadir estragos. Pero para aquellos que a pesar de las grietas están esperando la lluvia tardía, se desarrolla la fe y la esperanza. Se anticipa entonces cada gota como una bendición.

El terreno agrietado cruje de alegría al sentir la frescura del agua que se precipita. Es entonces donde la lluvia es bienvenida y es deseada.

También en verano puede venir una tormenta. La nube cubre el horizonte y comienza a llover. Se comienzan a desarrollar condiciones precisas para que ocurran tornados.

Condiciones Perfectas que producen Tornados Matrimoniales

1. La primera condición es el cambio de dirección y velocidad en el viento. Un tornado es un torbellino violento de aire que gira sobre si mismo. Cambios repentinos en el viento producen a estos torbellinos. También les suelen acompañar precipitaciones violentas de lluvia o granizo, relámpagos, rayos y la oscuridad propia de las nubes que los sustentan. Cuando la pareja gira todo alrededor de ella misma y se considera el centro de todo cuanto sucede, es cuando los problemas más grandes aparecen.

ambién cuando hay un cambio repentino de dirección en el matrimonio, aparecen los tornados emocionales. Cuando ambos ya no enfocan su atención hacia una misma dirección, la visión se pierde y por ende se propician problemas más grandes. El efecto de destrucción de un tornado es mayor en el área afectada que el de un huracán, debido a que la energía liberada se concentra en un área más pequeña; así, el efecto de la velocidad del viento y la baja presión hacen que el daño sea mayor. A veces un problema pequeño puede causar estragos en la vida de la pareja porque alimentan condiciones ejemplares para el desarrollo de un tornado emocional en su vida.

2. Dos tipos de frentes: uno frío y otro caliente: Cuando se produce el choque térmico de los dos frentes, el cálido y el frío, debido a la fuerte condensación del vapor de agua asociado a la humedad se origina

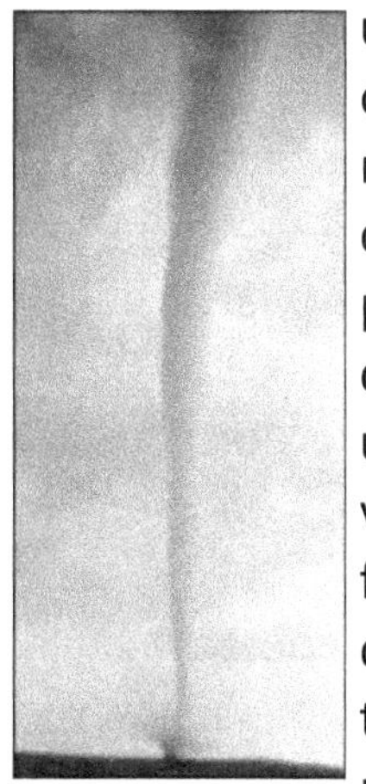

una poderosa tormenta o super-célula y con ella una visible nube espesa de desarrollo vertical. El choque de personalidades y caracteres en la vida matrimonial puede generar "tornados emocionales" que tienden a destruir el amor. Durante un tornado es importante NO abrir las ventanas, porque de lo contrario los fuertes vientos destrozarán el interior del edificio. No abramos ni una ventanita al enemigo para que pueda entrar en nuestros hogares y matrimonios. No lo permitamos. La personalidad no es lo mismo que el carácter, veamos:

Aspectos importantes a considerar con respecto al carácter y la personalidad

En Europa se tiende a definir personalidad, temperamento y carácter como si fuesen lo mismo. Sin embargo, en los Estados Unidos sobre todo, no es así. Se ha determinado una definición para cada cosa y a continuación trataremos de explicar un poco cada una de ellas.

Personalidad: En medios no científicos, personalidad engloba las características de singularidad, individualidad, emociones, y sentimientos que otorgan identidad e imagen a los integrantes de los diversos grupos sociales. Es el conjunto de modalidades adaptativas que el individuo utiliza en su contacto cotidiano con el ambiente en que se desenvuelve. Incluye rasgos y patrones de conducta.

Temperamento: El temperamento es constituido por aquellos aspectos motivacionales y emotivos del individuo, en gran parte determinados por factores biológicos o constitucionales.

La doctrina más antigua en cuanto a la clasificación de los temperamentos fue la propuesta por Hipócrates y desarrollada por Galeno. De acuerdo con esta definición el temperamento es la parte de la personalidad más propensa al cambio.

El temperamento ha sido seleccionado en 4 categorías, con respecto a los fluidos del cuerpo (sangre, bilis negra, bilis amarilla, flema) en: sanguíneo, melancólico, colérico y flemático.

Carácter: El término carácter tiene origen en el griego **χαρακτήρ** y significa marca grabada, señal que se esculpe o dibuja en algún objeto. En otras palabras, el carácter sería el sello personal que se manifiesta en el comportamiento del individuo. Es un rasgo predominante en la conducta de alguien. Cuando decimos de alguien que es una persona "noble", "creativa" o "desleal", nos estamos refiriendo a su carácter. Las definiciones del carácter pueden ser bastante diferentes, de acuerdo con el criterio de valoración elegido socioculturalmente. El carácter no se toma aquí como una parcela de la personalidad, sino como la personalidad misma que es valorada positiva o negativamente.

Cuando entendemos estos aspectos en nuestro cónyuge, eso nos ayuda a comprender ciertas actitudes y comportamientos típicos de cada temperamento y no tomamos las cosas de manera personal.

Animalitos típicos del Verano: Los Murciélagos

Los murciélagos son animales nocturnos. Viven en cuevas, en lugares oscuros, como los clósets. Pueden ver pero prefieren usar la eco-localización.

Muchas parejas viven como murciélagos, dentro de una cueva. Es muy común que las parejas tiendan a aislarse cuando tienen problemas. Es la estrategia que usa el enemigo para destruirlos. El enemigo quiere hacerles creer que ellos son los únicos que tienen ese problema específico y que no hay remedio para su situación. No dejemos que los problemas y las circunstancias nos aíslen a tal punto que tengamos que meternos en una cueva oscura y peligrosa. No dejemos que el enemigo nos robe la visión y que la ceguera emocional nos impida ver la salida. Muchos matrimonios pueden ver la salida y la solución, pero prefieren pegar de frente con sus problemas y huir, que tomar la decisión de salir de su condición.

"Saldrán de nosotros aguas vivas, en verano y en invierno. Y el Señor será rey sobre toda mi tierra. En aquel día, el Señor será único, y único será Su nombre." Ezequiel 14:8-9

La Primavera Matrimonial

La primavera es la estación siempre deseada, después de un invierno tal vez crudo e implacable.

En primavera todo es ensueño, alegría, felicidad y proyectos de siembra. Esta etapa o estación es en la que la pareja experimenta un "enamoramiento" clásico de los primeros años y, de nuevo, después de muchos años de acoplamiento.

El matrimonio experimenta ciclos. Estos ciclos suelen repetirse a lo largo de la vida en pareja, por eso hay que prepararse para pasar por ellos y sacar algo positivo de cada uno.

En esta estación pensamos que el origen de todos los sentimientos amorosos es la otra persona (el objeto de nuestro afecto), sin darnos cuenta que estamos actuando "bajo influencia" de un químico cuando nos "enamoramos".

Alguien dijo: *La formula química para el amor romántico es: encaprichamiento (phenethylamina PEA), vínculo (oxitocina) y sensualidad (testosterona).*

En esta etapa los conflictos son mínimos; los hábitos, que darán lugar más tarde a la peligrosa rutina, todavía no están constituidos. El amor romántico está en cierne. Toda pareja pasa por esta etapa. Debemos aprovechar esta estación y sacar el mayor provecho de ella. En esta etapa la desilusión no ha llegado. Tenemos una fe casi ciega en nuestra pareja. Pero existen diferentes situaciones que dañan el romanticismo tierno y bello en la vida matrimonial.

"Atrapen a las zorras, a esas zorras pequeñas que arruinan nuestros viñedos, nuestros viñedos en flor." Cantar de los Cantares 2:15

¿Qué situaciones dañan nuestra viña en flor?

Las zorras y los leones

Existen dos tipos de animales que pueden hacer estragos en un viñedo. Estos animales son las zorras y los leones.

Las zorras son animales nocturnos, siguen a los leones para alimentarse de lo que queda de su presa; cuando actúan en grupo pueden derribar grandes presas y abren huecos en los viñedos. Las zorras en nuestra vida pasan desapercibidas debido a que tienden a actuar en la oscuridad. Nosotros mismos no notamos las actitudes y comportamientos negativos que rodean nuestras acciones. Debemos tener cuidado de esas zorras que dañan nuestra relación matrimonial de una manera muy sutil. Recordemos que las zorras actúan en grupos. Varios hábitos unidos pueden echar a perder una relación matrimonial bonita y romántica. No permitamos que las zorras dañen nuestro amor.

Los leones, por otro lado, rugen cuando están reclamando territorio. Y solo rugen cuando están dentro de su propio territorio. Un león puede ser escuchado por 5 millas alrededor. El método de matanza con frecuencia usado es la asfixia. Pero quienes cazan son las leonas. Lo único que el león viejo come son los animales muertos que encuentra, por eso ruge, para asustar a su presa. Si te está rugiendo el león es porque estás dentro de su territorio. El enemigo no se va a meter a tu territorio a menos que le des autorización. En nuestro matrimonio el rugido del león se escucha a muchas millas a nuestro alrededor. La gente puede notarlo y "escucharlo", aunque nosotros no nos demos cuenta.

El enemigo siempre tratará de asfixiarte con los problemas y situaciones presentes en el hogar. Y luego, cuando te deja como muerto y te conviertes en "presa" fácil, el león viejo se alimentará de ti.

"Sed sobrios y velad, porque vuestro adversario el diablo, como león rugiente, anda alrededor buscando a quien devorar." 1 Pedro 5:8

Análisis del verso en griego koiné:

Sed sobrios Νήψατε **(se deriva de la raíz NEFO que también significa ayunar y abstenerse de algo. Es tener dominio propio)** y velad γρηγορήσατε **(de la raíz GREGOREO: vigilar atentamente, prestando cuidado)** porque vuestro adversario ἀντίδικος **(de la raíz ANTIDIKO: adversario, oponente)** el diablo **(DIABOLOS)** como león rugiente ὠρυόμενος **(raíz ORIOMAI: dar alaridos de alegría, rugiendo)** anda alrededor περιπατεῖ **(de la raíz PERIPATEO: abrirse paso aprovechando una oportunidad. Controlar la vida de alguien, regular)** buscando ζητῶν **(de la raíz ZETEO: buscar esperando hallar; demandando algo de alguien)** quien devorar καταπίῃ **(de la raíz KATAPINO: tragar de un solo tiro, absorber)**

Podemos parafrasear este versículo de la siguiente manera: *"Tengan dominio propio, ayunen, absténganse y vigilen atentamente prestando cuidado, porque su oponente y adversario el diablo anda alrededor dando alaridos de alegría y rugiendo, abriéndose paso aprovechando la oportunidad; controlando y regulando; buscando con el fin de hallar a quien tragarse de un solo tiro"*

Recordemos lo aprendido: el león viejo que no tiene dientes, ruge para asustar a su presa y poder asfixiarla para luego tragarla de un solo tiro. Los leones no mastican a su presa. Los leones no cazan, sino las leonas, por lo que ellos esperan encontrar a alguien a quien consumir.

"Ni deis lugar al **diablo**." Efesios 4:27. La palabra lugar: τόπος (topos) se refiere a un lugar determinado y establecido; marcado y señalado. El león que ruge lo hace para recordarle a la presa que está dentro de su territorio.

Nuestro matrimonio es un viñedo en flor. Cuando una planta está en flor nos está indicando que pronto aparecerá el fruto que tanto hemos esperado. Sin embargo, esta etapa del proceso de la planta es muy delicada ya que si se mueve la planta violentamente, la flor se cae y el futuro fruto se pierde. Es el propósito del enemigo que nuestro matrimonio aborte el fruto para el cual ha sido creado.

Atrapando las zorras (La ira y el enojo)

Tal como lo ilustra el pasaje anterior debemos atrapar las zorras que están arruinando nuestro viñedo en cierne. La primera zorra que vamos a identificar en nuestra viña es la ira. El enojo y la ira son obras de la carne que aparecen en Gálatas 5:19. La ira no es un demonio, ni un espíritu. La ira es una obra de la carne. Las obras de la carne se cortan, uno se arrepiente de ellas y las elimina de su diario vivir. La ira es una obra de la carne que de no ser controlada puede causar un daño desastroso tanto en la vida de la persona iracunda como en la vida de las demás personas que conviven con ella.

Proverbios 29:11 dice que: El necio da rienda suelta a su ira, pero el sabio sabe dominarla. La persona que es controlada por esta obra de la carne da rienda suelta a su enojo sin pensar en las consecuencias de sus acciones. La ira sin control es nefasta para la relación matrimonial. La ira firma la sentencia de muerte de nuestro matrimonio. Si tú admites hoy que el enojo y la ira te controlan, tienes dos opciones. Seguir siendo arrastrado por tus pasiones y obras de la carne o arrepentirte y eliminarlas de tu vida. No es fácil deshacerse de la ira, pero si se la entregas a Dios, El tomará control de tus emociones.

El segundo paso hacia la exclusión de la ira en tu vida es aprender a cuidar tus reacciones cuando estás enojado. La respuesta suave aplaca la ira, pero la palabra áspera hace subir el furor. Cuando te enfurezcas salte del entorno inmediato donde te encuentras. Vete a dar una vuelta, realiza una tarea inconclusa, ponte a hacer ejercicio. Cambia el enfoque que está provocando esa reacción iracunda en tu vida. Pero luego, cuando estés calmado trata de expresar el por qué de la frustración que causó que reaccionaras en ira.

Cuando nos dejamos llevar por la ira fácilmente, peleamos y hasta herimos verbalmente o físicamente. Si no contralamos nuestros sentimientos, estos nos controlaran a nosotros y causaremos un daño irreparable, tanto a nosotros mismos como a los demás.

La fuerza que se libera cuando uno está enojado es inmensa, y lo peor es que la liberamos hacia el objetivo incorrecto, hiriendo a aquellos que verdaderamente amamos.

Es difícil controlar la ira pero no es imposible. Cuando ponemos en una balanza las cosas valiosas que podemos perder a cambio de dar rienda suelta a nuestra ira, nos daremos cuenta que no vale la pena seguir viviendo así.

Toma la decisión de reaccionar sabiamente controlando la ira en tu vida. Dios te ha dado dominio propio. El dominio propio y el amor de Dios son los pilares que sostienen tu relación matrimonial. Si uno de estos pilares sucumbe, se esa relación se desmorona.

La ira es causada tanto por factores internos (frustraciones, heridas, decepciones) como por factores externos (problemas en el trabajo, con personas cercanas, situaciones durante el día). Estos factores recaen sobre nuestras acciones pero no deben de determinar nuestras reacciones. Una reacción es la respuesta ante un estímulo que puede ser negativo o positivo. Dicha reacción lleva a cabo una sucesión de acontecimientos en la que cada uno es provocado por el anterior. Es una respuesta en cadena, con efecto dominó.

Debemos tomar responsabilidad de la ira que estamos sintiendo. Quizás factores externos la provocaron pero nosotros fuimos quienes decidimos sentir ira. En nosotros está el tipo de reacción que tendremos.

Debemos aprender a ser asertivos, es decir: tener la capacidad de expresar exactamente lo que se quiere, sin ánimo de insultar al otro y sin despertar en él sentimientos de miedo u hostilidad. La asertividad nos permite reafirmar nuestros derechos y nuestra personalidad respetando los derechos del otro. Ser asertivo consiste en hacerse valer y en defender una postura con confianza en uno mismo y en su propio juicio. Se trata de mostrar mi propia opinión sin agredir y sin sentirme culpable por expresarla.

La rabia inunda nuestro cuerpo con hormonas de estrés. Esto debilita nuestra salud y no soluciona el problema, sino que incluso puede agravarlo. La próxima vez, eleve su tolerancia respecto a los acontecimientos que provocan su ira. Vea el aspecto positivo o la solución del asunto en lugar de enfadarse. Cuando se enfade, pasado el primer momento, piense que no vale la pena seguir enfadado, porque la adrenalina segregada por su cuerpo envenenará todo su sistema. La rabia, la ira, o la cólera, pueden llegar a dañar la salud física y mental de una persona, por lo que hay que tratar de manejarla de la mejor forma posible. La Biblia nos enseña que podemos enojarnos, pero lo que no es válido es incurrir en actitudes negativas que influenciarán en nuestra relación con Dios y con los demás. Efesios 4:26 lo dice así: "**Airaos**, pero no pequéis; no se ponga el sol sobre vuestro enojo."

Queremos darte algunos consejos con respecto a cómo controlar tus reacciones de enojo y de ira. Usted es capaz de cambiar el curso de sus acciones.

1-Apunte en una hoja las situaciones en que ha sentido ira incontrolada y analice la situación bajo la cual apareció.
2- Si hay un común denominador, sea objetivo y piense si su reacción fue la correcta.
3- trate de analizar cuál fue la raíz o la causante principal de sus sentimientos de enojo.
4- anote los sentimientos que dispararon su enojo: frustración, celos, desilusión.
5- busque salidas alternas. De que otra manera pudo haber demostrado su enojo sin gritos ni golpes ni palabras ofensivas.
6- arrepiéntase de su reacción y decida tomar control de sus acciones.

Las personas que se alteran con facilidad y reaccionan en ira, son generalmente las personas más temerosas. La palabra de Dios nos dice en 1 Timoteo 1:7: "porque no nos ha dado Dios espíritu de cobardía, sino de poder, de amor y de dominio propio." Por lo tanto desatamos el amor, el poder y el dominio propio sobre tu vida y matrimonio en este momento�

Los celos

Otra pequeña zorra que debemos de erradicar de nuestro viñedo son los celos. Los celos, al igual que la ira no pueden ser reprendidos ni echados fuera del ser humano, porque no son demonios sino que son obras de la carne.

Los celos son una emoción sentida por aquel que percibe que otra persona da a una tercera algo que él quiere para sí (normalmente atención, amor o afecto). Los celos son un sentimiento negativo y destructivo. *"porque fuerte como la muerte es el amor y duros como el Seol los* ***celos****. Sus brasas son brasas de fuego, potente llama." Cantar de los Cantares 8:6*

También podríamos definirlos como un estado emotivo ansioso que padece una persona y que se caracteriza por el miedo ante la posibilidad de perder lo que se posee. Los celos encierran temor, inseguridad y ansiedad. Es la envidia que causa el que otra persona disfrute de algo que uno quería para sí. El problema no es el hecho de sentir celos, sino en la intensidad de los mismos, en su frecuencia, y en la manera en que éstos influyen en nuestra conducta. Existen signos que de estar presentes en tu vida, levantan una bandera roja de alarma.

Presta atención a las siguientes señales de alarma:

- ¿Necesitas controlar todos los movimientos de tu pareja?
- ¿Cada vez soportas menos a sus amistades?
- ¿Le reprochas continuamente sobre su forma de vestir o comportarse?
- ¿Crees saber más sobre las intenciones, pensamientos, de tu pareja que ella misma?

¿La necesidad de tenerle sólo para ti se ha acentuado en los últimos tiempos?

Si respondiste afirmativamente a la mayoría de estas preguntas, estas siendo víctima de un ataque de celos. Estás operando en las obras de la carne. Es común ver diferentes tipos de celos en la pareja. Por ejemplo los celos de pareja, celos ministeriales, celos por causa de los talentos, Celos laborales, etc. Cualquiera de ellos son obras de la carne y hay que arrepentirse por el fruto que dan. La Biblia dice que no debemos satisfacer los deseos de la carne. El deseo de venganza, rivalidad y envidia generalmente quieren ser satisfechos y generan ansiedad y egoísmo. La rivalidad entre la pareja es un ingrediente mortal para el futuro de la relación.

Para erradicar tanto la ira como los celos debemos renovar nuestra mente. Según la palabra de Dios, no podemos pedirle directamente a Dios que nos quite la ira ni los celos. Eso es algo que nosotros debemos eliminar. En colosenses 3:8 leemos: *"Pero ahora dejad también vosotros todas estas cosas: **ira**, enojo, malicia, blasfemia, palabras deshonestas de vuestra boca." "pues donde hay **celos** y rivalidad, allí hay perturbación y toda obra perversa." Santiago 3:16*

Será difícil, pero usted debe tomar una pausa cada vez que se sienta celoso y preguntarse por qué se siente de esa manera? y preguntarse si ¿Tiene algo que ver con su propia autoestima, o si su pareja le está dando verdaderas razones para sentirse así? Lo mejor es tener comunicación con su pareja y sostener una conversación al respecto.

Recuerde que usted debe reconocer que siente celos. Para combatir un problema hay que reconocer que existe.

Luego analice por qué siente celos, y cuál es la raíz de los mismos. Pídale perdón a Dios por sentir esos celos descontrolados y arrepiéntase.

Realice un cambio de mente. Analice sus esquemas mentales y decida hacer un cambio en su manera de actuar.

Elimine los pensamientos negativos que son los que le hacen ver el problema más grande de lo que en realidad es y sustitúyalos con pensamientos de confianza y seguridad.

Trate de ser objetivo y de no ver un problema donde no lo hay.

Haga conciencia de su error y comience a poner en práctica acciones positivas para con su pareja; dele espacio a su pareja y elimine el control sobre su vida.

Su pareja no es un objeto de su pertenencia que debe ser vigilado y controlado.

Su pareja es la persona que Dios puso a su lado para complementarle.

Si sufres, o haces sufrir a tu pareja por tus celos, es tiempo de reflexionar para cambiar tu comportamiento.

Cuando sientas ese impulso irresistible de interrogarle acerca de dónde y con quién está cada cinco minutos, ocúpate de ti y haz algo que te de mucho gusto.

Hazle saber a tu cónyuge cómo te sientes. Oren juntos y pídanle a Dios dominio propio y sabiduría.

Los celos siempre nacen de algún temor. Conózcase a usted mismo y exalte sus virtudes. Así contará con la fuerza y la seguridad necesarias para superar los celos y gozar de su relación matrimonial con libertad y confianza. El miedo es lo contrario a la fe, por eso las personas más seguras son menos celosas que las personas inseguras, indecisas, o negativas. *"El perfecto amor, echa fuera el temor"*. Ore a Dios para que le ayude a experimentar el verdadero amor. 1 de Corintios 13 dice: "el amor es sufrido, es apacible, no tiene envidia ni egoísmo, no se envanece ni hace nada indebido, no se irrita, no guarda rencor. No busca lo suyo, no es orgulloso. Todo lo sufre, todo lo cree, todo lo espera, todo lo soporta." Aprovechen como pareja momentos claves para fortalecer el diálogo continuo, la confianza y el contacto amoroso: serán herramientas muy útiles para superar el desencuentro y los celos. Recuerde que hay tres razones por las cuales da cabida a los celos en su vida:

1. Falta de confianza en uno mismo: porque las personas inseguras muchas veces no se sienten merecedoras del amor de su pareja y esto les lleva a desconfiar de la sinceridad y cariño del otro.

2. Experiencias en su familia: Es probable que haya presenciado escenas de celos en sus padres y por eso tiene más predisposición a ser celoso.

3- cuidado�porque en muchos casos, la persona es celosa por algún episodio de infidelidad en el pasado y está reflejando su temor a que le hagan lo mismo. En otras ocasiones, los celos se esconden detrás de ciertas actitudes hostiles, como las de la esposa que regaña, critica o ataca verbalmente a su marido, quien es un hombre con autoridad y muy respetado en su profesión, para así obtener una mayor cuota de poder en el ámbito doméstico y sentir que él no está tan alto, ni ella por debajo. O cuando el esposo se comporta agresivo y controlador por sentirse celoso de los éxitos ministeriales, laborales o profesionales de su esposa.

Consejos prácticos

Queremos darte los siguientes consejos para ayudarte a controlar los celos:

1-Apunte en una hoja las situaciones en que ha sentido celos incontrolados y analice la situación bajo la cual aparecieron. Toma nota de la frecuencia con que los sientes. Mientras más constantes sean más posibilidad habrá de que tu relación se vaya degradando y erosionando.

2- analice como está su autoestima. Si su autoestima está muy baja, será una razón por la cual se sentirá amenazado por otros cuando se compare a ellos.

3- arrepiéntase de su reacción celosa y decida tomar control de sus acciones.

4- Cultive sus aficiones y actividades personales. Mientras más autónomo e independiente usted sea de su pareja menos posibilidades tendrá de que los celos aparezcan.

5- Compruebe si realmente sus temores y miedos son justificados.

6- Hable con su pareja al respecto y oren juntos pidiéndole al Señor: guía, dominio propio y sabiduría

Evite que los celos dañen su vida y su relación con Dios. Tome control positivo de sus pensamientos y emociones, como dice la palabra de Dios en 2 Corintios 10:5 *"derribando argumentos y toda altivez que se levanta contra el conocimiento de Dios, y llevando* ***cautivo*** *todo pensamiento a la obediencia a Cristo".*

Amado hermano que nos lees, recuerde que los celos son un veneno mortal para el matrimonio. Los celos no son una señal de amor y pueden deformar la relación matrimonial. Una vez más te recordamos que no es Dios quien va a hacer algo al respecto, sino que de acuerdo con la palabra de Dios eres tu quien debe empezar los cambios: *Romanos 12:2 dice "transformaos por medio de la renovación de vuestro entendimiento, para que comprobéis cuál es la buena voluntad de Dios, agradable y perfecta." Y Efesios 4:23 "renovaos en el espíritu de vuestra mente"*

La gritería

En Efesios 4:31 leemos este mandato de parte de Dios: "Quítense de vosotros toda amargura, enojo, ira, **gritería**, maledicencia y toda malicia."

La palabra griega aquí para gritería es: *krauguē y significa: llanto desmedido, protestas, clamores desmedidos y gritos.*

También significa: hablar a gritos. Hay muchas personas que creen que hablando a gritos pueden evidenciar su autoridad y poderío. Muchos esposos y esposas utilizan los gritos para intimidar y amenazar. Esto es pecado. La Biblia es muy clara cuando nos manda que quitemos de entre nosotros toda gritería.

Muchas esposas también manipulan a sus maridos con llantos desmedidos y protestas. Esto lo aborrece el Señor. Cuando una esposa manipula con el llanto, los hijos aprenderán a usar el llanto como un arma para lograr lo que quieren, y más adelante usaran de gritos y protestas en contras de sus propios padres. Elimine los gritos y los lloriqueos. Grite solo si está ocurriendo una emergencia o la casa se está incendiando.

Según el psicólogo Johnny Mero, las personas gritan por varios motivos. En el caso de los niños, lo pueden hacer por dolor, juego y miedo, los adolescentes, probablemente lo hagan con más frecuencia por los cambios que están sufriendo; ansiedad o frustración y los adultos por mal temperamento, dolor, inseguridad, temor, desconsuelo, insatisfacción o para demostrar autoridad y poder.

¿Por qué gritas a una persona cuando estás enojado?

Alguien puso este ejemplo para explicar el por qué: "Cuando dos personas están enojadas, sus corazones se alejan mucho. Para cubrir esa distancia deben gritar, para poder escucharse. Mientras más enojados estén, más fuertes tendrán que gritar para escucharse uno a otro a través de esa gran distancia.

Cuando dos personas se enamoran, no se gritan, sino que se hablan suavemente, ¿por qué? Simplemente porque sus corazones están muy cerca. La distancia entre ellos es muy pequeña. Cuando discutan, no dejen que sus corazones se alejen, no digan palabras que los distancien más, llegará un día en que la distancia sea tan larga que no encontrarán más el camino de regreso."

Cuando levantamos la voz más de lo normal para demostrar enfado o desaprobación es cuando los gritos aparecen.

Un griterío es un conjunto de voces altas desentonadas y confusas. Se convierte en un ruido. La Biblia dice que : "Si no tengo amor, soy como un pedazo de metal ruidoso; ¡soy como una campana desafinada!". Cuando hay gritos, el amor se ve amenazado.

Los demonios gritan y hacen demostraciones ruidosas cuando salen de aquellos que están poseídos. Puedes verlo allí en Hechos 8:7. Si Tú no tienes un demonio saliendo de ti, entonces ¿Por qué gritas? Gritas porque has dejado que las obras de la carne tomen control en tu vida. Gritas porque no sabes cómo demostrar tu autoridad y crees que gritando te van a obedecer.

Padre de familia, no utilice los gritos para que las cosas se hagan en su casa. Si sus hijos y su esposa solo entienden a gritos, es porque se sienten amenazados, heridos y presionados. Dios no le grita a usted para que usted haga las cosas.

Si Dios actuara así con nosotros, nos destruiría. Quiero que vayas conmigo a 1 de Reyes 19. Allí se nos narra la historia de Elías cuando siendo perseguido decidió meterse en una cueva. Muchos matrimonios, cuando enfrentan situaciones difíciles y problemas, se meten en una cueva. La cueva del desánimo, de la depresión y la frustración. Otros se meten en la cueva de la violencia y la agresión. En la historia, Elías salió al monte para escuchar al Señor. Hubo un gran viento, un terremoto y un fuego, pero Dios no estaba allí. Dice la historia que después se escucho un silbo apacible y delicado, y Dios estaba allí y le habló a Elías. No hagas una tormenta ni un terremoto en un vaso de agua. Que tu voz sea un silbo apacible para que sea escuchado con respeto y honor.

La gente que sufre de esta condición está convencida de que hay algo incorrecto con los demás cuando no los escuchan. Lo que sucede es que la otra gente se siente abrumada por el volumen y los ignoran. En realidad sus gritos están empeorando las cosas. Habrán consecuencias para esta conducta: 1- le alejará de los demás, pues a nadie le gusta que le hablen a gritos. 2- los demás evitaran estar a su alrededor porque su comportamiento les intimida, avergüenza y causa dolor.

3- en la mayoría de los casos la gente parecerá estar de acuerdo con usted, pero es solo para quitárselo de encima; más adelante buscarán cualquier oportunidad para hablar en su contra y conspirar contra usted. La gente se verá obligada casi a trabajar en contra suya, debido a las señales agresivas que continuamente usted envía al utilizar los gritos.

Muchas veces es más importante la manera en que usted habla, que lo que dice. La manera en como usted realice un discurso, muchas veces será más importante que el contenido de su discurso. Por eso Jesús cuando se dirigía a las multitudes, les hablaba, no les gritaba. Porque para Él era más importante el contenido de sus palabras, y forzaba a la gente a hacer silencio para escuchar el poderoso mensaje.

Se ha comprobado que cuando una persona modula su voz al hablar, producirá un efecto positivo en los demás, haciendo que el 83% de lo que dice sea recordado. Pero cuando esa misma persona se expresa a gritos, solamente un 45% será recordado. WOW⍰ ¡Tanto esfuerzo gritando para tan poco efecto⍰

Estimado amigo y hermano, no pierdas tus energías enojándote, gritando y actuando inapropiadamente. El que queda mal es usted. Al final usted terminará cansado, agobiado y no habrá logrado nada con sus gritos.

Los gritos no hacen que una persona cambie. Una persona que grita, tampoco sabe escuchar. Aprendamos a escuchar, sobre todo la voz de Dios.

Si no aprendemos a escuchar Su voz, no vamos a

escuchar a los que nos rodean. Para poder escuchar debemos "inclinar nuestro oído", es decir, prestar atención cuidadosamente.

Dios nos dice en proverbios 5:1: Hijo mío, está atento a **mi** sabiduría e **inclina** tu oído a **mi** inteligencia". Dios desea que aprendas a prestar atención. Dios quiere que elimines los gritos de tu vida conyugal y familiar. Haz un cambio hoy mismo

Debemos cazar las zorras que están dañando nuestros viñedos. Eliminémoslas de nuestra vida cristiana. Demostremos a Cristo con nuestras acciones y palabras.

La maledicencia

En Efesios 4:31 leemos este mandato de parte de Dios: "Quítense de vosotros toda amargura, enojo, ira, **gritería**, maledicencia y toda malicia." El día de hoy vamos a identificar otra de las zorras en nuestra relación matrimonial: la maledicencia. La palabra griega que aparece en el original del Nuevo testamento que se ha traducido como maledicencia es el vocablo: BLASFEMIA.

La palabra blasfemia significa: difamación, detracción, discurso perjudicial en contra del buen nombre de alguien más. La maledicencia no solo se refiere a las malas palabras, sino a las expresiones erróneas que usamos en contra de los demás para desacreditarlos y hacerlos lucir mal. Muchas veces, la pareja utiliza la blasfemia para desacreditarse el uno al otro. Esto es condenable por la palabra de Dios. Dios condena la difamación.

Es el daño que se hace a la reputación de una persona publicando cosas que perjudiquen su buena fama. Aunque estas cosas sean ciertas, nosotros no debemos difamar a nadie. Eso es ponernos en el lugar de Dios. Tarde o temprano, todo lo oculto saldrá a la luz, entonces ¿por qué nos preocupamos?

Lo que pasa es que no estamos dispuestos a esperar el tiempo de Dios y queremos tomar la venganza en nuestra propia manos. Si ese es tu caso, te has convertido en un detractor. Un detractor es aquel que critica y habla mal de alguien y que no está de acuerdo con él. Este es un pecado muy común dentro de los cristianos hoy en día. Cada día salen más críticas y comentarios en contra de unos a otros, con el fin de alcanzar "venganza" y "juicio". Cuando una persona esta herida por las acciones de otro, todo lo que desea es venganza. Recuerda que la venganza es solo del Señor. Con respecto a los matrimonios, muchos cometen el error de convertirse en los detractores de sus propios cónyuges. Hermanos, esto no debe ser así.

Mateo 15:19 y Marcos 7:22 leemos: "porque del corazón salen los malos pensamientos, los homicidios, los adulterios, las fornicaciones, los hurtos, los falsos testimonios, las blasfemias, los hurtos, las avaricias, las maldades, el engaño, la lujuria, la envidia, la calumnia, el orgullo y la insensatez; estas cosas contaminan al hombre". Querido amigo y hermano, revisa tu corazón y deja que el espíritu de Dios te exhorte y redarguya. Si no sacamos estas cosas de nuestro corazón, nos destruirán a nosotros y a los que tenemos al lado.

Colosenses 3:8 nos manda a dejar todas estas cosas: ira, enojo, malicia, blasfemia, palabras deshonestas de vuestra boca.

Otra palabra que aparece en el Nuevo testamento como maledicencia o palabra deshonesta es aisjrología y significa: hablar asquerosamente usando obscenidades y maldiciones. Hablar malas palabras. Amados hermanos, tenemos que limpiar nuestro hablar. De una misma fuente no puede salir bendición y maldición. Con la misma boca con la que adoramos a Dios no podemos proferir malas palabras ni obscenidades en contra de nuestro prójimo. Hoy Dios te esta exhortando a dejar a un lado este comportamiento. Amada hermana, no permitas que palabras deshonestas ni impuras salgan de tu boca. Tu eres una hija de Dios, y tus palabras reflejan lo que llevas por dentro. Dice Proverbios 21: *"El que guarda su* ***boca*** *y su lengua, su vida guarda de angustias".*

Las malas palabras lejos de ponerte en una posición de autoridad y liderazgo, te aniquilan y dañan. Dios hoy te dice en el libro de Colosenses capitulo 3: "que debes dejar morir lo terrenal en ti y que te deshagas de las malas palabras y las blasfemias." Toma la decisión hoy de dejar de maldecir y blasfemar. Y una vez que tomes esa decisión puedes decirle al Señor: **Purifícame** con hisopo y seré limpio; lávame y seré más blanco que la nieve. Cuando dejamos que la amargura, la ira y el enojo tomen control de nuestra vida, afloran las obras de la carne en lugar del fruto del Espíritu.

Proverbios 25:23 nos enseña que: El rostro airado produce la lengua **detractor**a". Si aprendemos a tener dominio propio y controlamos nuestro enojo, podremos controlar las palabras que salen de nuestra boca. Amigo que me escuchas, arrepiéntete hoy. Pídele perdón a Dios por tu mal proceder y por tu pecado de detracción. Pide perdón a Dios por las malas palabras que han salido de tu boca. Ahora busca a tu cónyuge y pídele perdón por haberle ofendido con las palabras de tu boca.

Dile al Señor de esta manera, como lo declara el salmo 141: "**Pon guarda** a mi boca, oh Dios; **guarda** la puerta de mis labios."

Sí Señor, ayúdame a pensar antes de hablar. Ayúdame a controlar mis reacciones. Ya tomé la decisión de no caminar en las obras de la carne, sino en el fruto el Espíritu. Dame amor, gozo, paz, paciencia, benignidad, mansedumbre, templanza, fe y bondad.

Hoy yo me declaro libre, y seguiré caminando en la libertad del hijo de Dios: Jesucristo�

Toda inmundicia

Efesios 5 del 3 al 5 nos dice: "Pero fornicación y toda impureza o avaricia, ni aun se nombre entre vosotros, como conviene a santos. Tampoco digáis palabras deshonestas, ni necedades, ni groserías que no convienen, sino antes bien acciones de gracias. Sabéis esto, que ningún fornicario o inmundo o avaro, que es idólatra, tiene herencia en el reino de Cristo y de Dios."

La persona inmunda a la que se refiere este pasaje, es aquella que es inmoral.

Un inmoral es aquel que está contrario a los principios y las buenas costumbres. Aquel cristiano que continua siendo preso de estas obras de la carne, necesita arrepentirse. No es posible que seamos cristianos y que estemos sujetos a pasiones desordenadas como aquellos quienes no conocen a Dios. Nuestros matrimonios deben ser ejemplo en palabra y obras. Aunque no somos perfectos, tenemos al perfecto dentro de nosotros.

El orgullo

Jesús dijo que el orgullo es una condición del corazón del hombre. En Marcos 7:20 leemos: "porque de dentro, del corazón de los hombres, salen los malos pensamientos, los adulterios, las fornicaciones, los homicidios, los hurtos, las avaricias, las maldades, el engaño, la lujuria, la envidia, la calumnia, el orgullo y la insensatez. Todas estas maldades salen de dentro y contaminan al hombre." Uno de los vocablos que se traducen orgullo en el griego koiné es giperefanía y se traduce como orgullo, altivez y arrogancia. Giperefanía significa: el carácter de uno, quién, con una estimación aumentada de sus propios poderes o méritos, desprecia a otros y hasta los trata con insolencia y desprecio. Aparece solamente una vez y es en este pasaje. Existe también otra palabra griega que se puede traducir orgullo. La palabra tiufó, y significa: levantar humo, hincharse de orgullo y ser insolente. Aparece tres veces en el Nuevo testamento y se refiere a características de una persona que cree saber mucho y ridiculiza a otros.

Existe una tercera palabra griega que se traduce orgullo. *Alazoneia.* Esta palabra la encontramos en 1 Juan 2:16 donde dice: *"*porque nada de lo que hay en el mundo --los deseos de la carne, los deseos de los ojos y la vanagloria de la vida-- proviene del Padre, sino del mundo. Alazoneia se refiere a: una conversación vacía, fanfarrona. A una persona insolente y vacía, que confía en su propio poder y recursos y vergonzosamente desprecia y viola las leyes divinas y los derechos humanos. Por lo tanto hay tres tipos de personas orgullosas: El primer tipo es el que piensa que es mejor que los demás y se siente que está por encima de todos, despreciando a los demás. El segundo tipo es el que piensa saber mucho y ridiculiza a otros. Y el tercer tipo es la persona insolente, vacía, fanfarrona y presumida.

En 2 Timoteo 3 leemos: También debes saber que en los últimos días vendrán tiempos peligrosos. Habrá hombres amadores de sí mismos, avaros, vanidosos, soberbios, blasfemos, desobedientes a los padres, ingratos, impíos, sin afecto natural, implacables, calumniadores, sin templanza, crueles, enemigos de lo bueno, traidores, impetuosos, engreídos, amadores de los deleites más que de Dios, que tendrán apariencia de piedad, pero negarán la eficacia de ella. A esos, evítalos.

Los orgullosos juzgan a los demás y los critican. No saben pedir perdón ni admiten estar equivocados. Este tipo de comportamiento hiere a la pareja, cancela la comunicación y va matando el amor.

La persona orgullosa no admite corrección, y la recibe como un ataque personal. No cede ante las discusiones porque siente una humillación el admitir que está equivocado. Es necesario para la vida del orgulloso atravesar por humillaciones que quebranten su vanidad. Leemos en 1 de Corintios: "Nadie se engañe a sí **mismo**; si alguno entre ustedes cree ser sabio en este mundo, hágase ignorante y así llegará a ser verdaderamente sabio." Si el orgullo es un problema que estas afrontando, debes arrepentirte y reconocer que no eres tan maravilloso como tú crees. Haz un alto en tu camino y detente a mirar los logros y éxitos de aquellos que te rodean. Si realmente deseas cambiar y eliminar el orgullo en tu vida, comienza a dar pequeños pasos hacia la humildad. La humildad no es menospreciarse ni fingir algo que no somos. Humildad es reconocer lo que realmente valemos, lo que realmente sabemos y los talentos que tenemos. Romanos 12:3 nos exhorta: "a cada cual que no tenga más alto concepto de sí que el que debe tener, sino que **piense** de sí con cordura, conforme a la medida de fe que Dios repartió a cada uno."

Consejos prácticos: Haga una lista de las cosas positivas y agradables que su pareja realiza por usted todos los días. Intente enumerar por lo menos 10 cosas positivas. Después escriba una notita de agradecimiento al final de la lista y entréguesela a su cónyuge.

Pídale perdón por no haber valorado cada una de las cosas que hace por usted y por los otros miembros de la familia. Luego pídale que escriba una lista de cosas que usted debe cambiar. No lo tome como un ataque personal ni una crítica, sino como una oportunidad de convertirse en una mejor persona.

Luego alabe a Dios por sus grandezas y por haberle dado la oportunidad de cambiar el rumbo egoísta por el que estaba caminando.

Capítulo Once

Las crisis matrimoniales

La desilusión
El desplazamiento
El choque
El conformismo

Las Crisis Matrimoniales

Todo matrimonio pasa por diversas crisis en el transcurso de su relación de pareja. Créalo o no, las crisis son necesarias en las parejas. Las crisis ayudan a madurar y crecer. Estas hacen que la pareja se encuentre a ella misma y se haga más fuerte. Según el diccionario, la palabra crisis quiere decir: "una etapa crucial o punto decisivo en el curso de algo; -después de la crisis el paciente muere o se mejora-".

La crisis puede hacernos más fuertes o puede debilitarnos y herirnos hasta que fracasemos.

Tomemos las crisis como etapas de crecimiento y maduración. Para algunos expertos, las crisis en la pareja o el matrimonio pueden ser como los nudos de la caña de bambú, los cuales se producen cada tanto, a lo largo de su proceso natural de crecimiento, para otorgar más solidez y flexibilidad a la planta.

Se ha escrito mucho con respecto a las crisis que enfrentan los matrimonies en sus diferentes etapas. Nosotros las hemos resumido de la siguiente manera:

La Primera Crisis: La Desilusión Una vez que pasa la luna de miel y las primeras peleas aparecen, los primeros desacuerdos afloran y nos sentimos "desilusionados". La ilusión del amor perfecto se desvanece. Lo importante en esta situación no es aislarse ni deprimirse ni separarse de la pareja. Lo más importante es afrontar la situación.

El diálogo sincero y la comunicación son las herramientas clave. El orgullo y la falta de perdón son la sentencia de muerte para cualquier matrimonio. Muchos no superan esta etapa y deciden el camino más fácil: el divorcio. Lo que comenzó con una relación amorosa y llena de optimismo, termina en un campo de batalla. En esta etapa ambos cónyuges deben buscar soluciones basadas en cambios de comportamiento. Solo Dios puede ayudarnos a perdonar y a decidir amar a nuestra pareja para toda la vida.

<u>La Segunda Crisis</u>: **El desplazamiento** Generalmente con la llegada del primer hijo, la pareja comienza a experimentar una de las crisis más comunes de la vida conyugal. Casi siempre el esposo siente que pasa a un segundo plano y poco a poco el bebé se convierte en un pequeño rival entre la pareja. También la mujer experimenta a veces lo que se llama depresión post-parto y si no hay conocimiento adecuado con respecto a esto, la crisis se incrementa y puede terminar en divorcio. Uno de los cónyuges se siente desplazado, lo que es una señal de alarma. Las señales de alarma existen para hacer algo al respecto. La pareja cristiana debe poner sus prioridades en orden de acuerdo con la palabra de Dios. Los hijos son una bendición, pero el cónyuge esta primero en la lista de prioridades.

La Tercera Crisis: El Choque Entre los 7 y 10 años de vida en común, cuando muchos comportamientos dejan de resultar interesantes o atractivos y se convierten en un choque continuo. Cada pelea comienza con una palabra de juicio crítica. Existe una gran diferencia entre el juicio y la queja. El juicio generalmente comienza con "tú siempre haces esto porque.." o "tú nunca haces eso porque..", mientras que la queja casi siempre expresa sentimientos. Por ejemplo, "Me siento frustrado cuando llegamos tarde a un evento porque te tardas demasiado".

La respuesta natural es ponerse a la defensiva. Por último el cónyuge se mete en su propia coraza y aparenta insensibilidad, aunque por dentro esté muriendo. De allí entonces proceden el sarcasmo y el desprecio.

Estas cosas son de las más nocivas que las parejas podrían experimentar en el matrimonio. Todo esto da luz a la frialdad e indiferencia, provocando la tercera crisis matrimonial.

La Cuarta Crisis: El Conformismo Cuando una crisis no se resuelve, produce un estancamiento en la pareja. Hay una ruptura mayor en la comunicación y la pareja prefiere no hablar al respecto, se produce un silencio y poco a poco aprenden a vivir de esa manera.

Se conforman con su situación y terminan "adaptándose" a las nuevas condiciones. Dios no quiere que nos adaptemos ni nos conformemos. Dios desea que crezcamos, y que vayamos de gloria en gloria.

Esta crisis convierte el amor en un hábito y en una rutina. Los hábitos son patrones de comportamiento que se adquieren por repetición continua. La manera de hacer las cosas de una misma manera todos los días es la rutina que mata el amor.

El peligro con el conformismo es que está a un paso de la indiferencia. La indiferencia es el ingrediente perfecto para un divorcio en proceso.

No permitas que la rutina se adueñe de tu vida matrimonial. Podemos transformar rutinas en rituales. Es diferente. La rutina no añade a la relación, le quita.

El ritual es algo que se hace de manera consistente y que tiene un significado para ambos. Ese significado les mantiene conectados y unidos.

Podemos tener rituales que realcen y animen nuestra relación. El ritual de preparar un baño caliente para el esposo, el ritual de tomarse de las manos antes de dormir, o dar un masaje en gratitud.

Cada pareja debe tener rituales y desarrollar su sentido de creatividad.

"Por lo cual, por amor a Cristo me gozo en las debilidades, en insultos, **en crisis**, en persecuciones, en angustias; porque cuando soy débil, entonces soy fuerte." 2 Corintios 12:10

Capítulo Doce

Curiosidades del Matrimonio

Preguntas y Respuestas

Curiosidades del Matrimonio

Preguntas y Respuestas

¿Dónde surgió el llevar un vestido de novia blanco?
La historia nos lleva a mediados de 1840, cuando la Reina Victoria hizo del blanco el color nupcial de opción cuando ella y el Príncipe Alberto se casaron. Sin embargo en el siglo 17, el color rojo era el favorito en Europa. Al pasar de los años, el blanco tomó el significado de pureza.

¿Dónde nació el velo de novia?
El uso del velo se remonta a la Roma antigua, y era color amarillo de llama. Se usaba sobre la cara, y se llamaba flammeum.

¿En cuál mano se usa el anillo de matrimonio?
Generalmente el anillo matrimonia se usa en el cuarto dedo de la mano izquierda, supuestamente porque según la tradición ese dedo contiene "la vena del amor. Sin embargo en países como Alemania, Grecia, India, Rusia, Polonia, Colombia, España y Venezuela, se lleva en la mano derecha, debido a una tradición romana La palabra latina para derecha es "dexter", una palabra que evolucionó en "destreza". De ahí, que la mano izquierda tenga una connotación negativa y la derecha una positiva.

¿De dónde surgió la frase "Luna de miel?

En las primeras bodas, el novio raptaba a su novia. Él la llevaba a algún sitio escondido lejos de sus parientes, y los aldeanos no podían encontrarlos. Allí se quedaban por un periodo de tiempo que comprendía una fase lunar y bebían un vino hecho de miel, supuestamente para ponerlos más románticos. Así nació la frase "luna de miel".

¿Cuándo son más comunes las bodas?

35% de las bodas se llevan a cabo en el verano. Un 29% en la primavera; un 23% en el otoño y un 13% en el invierno.

¿Quién inventó el certificado de divorcio?

Fue Moisés. Jesús dijo en Mateo 19:8: Moisés les permitió divorciarse porque ustedes son muy tercos y no quieren obedecer a Dios. Pero Dios, desde un principio, nunca ha querido que el hombre se separe de su esposa. Malaquias 2:16 dice: Yo odio el divorcio dice el Señor.

¿En qué libro de la biblia se habla del noviazgo?

En ninguno. El noviazgo no existe en la Biblia. El sistema de citas y de los "novios" fue una invención de la sociedad donde vivimos. La Biblia sin embargo nos enseña con respecto a Compromiso con fines serios para casarse.

¿Cuántas veces en el Nuevo Testamento se le dice a la mujer que ame a su marido?
En el libro de Tito capitulo 2 verso 3 aparece como única vez el verbo filandros que se refiere a la manera correcta de una esposa de amar a su marido.

¿Cuál libro del Nuevo Testamento menciona la palabra: matrimonio un mayor número de veces?
La palabra griega GAMOS que significa matrimonio, aparece 16 veces en el nuevo testamento, de las cuales 9 se encuentran en el libro de Mateo.

¿Cuántas veces se menciona la palabra: "familia" en toda la Biblia?
Mishpaca es la palabra hebrea para Familia y aparece 301 veces en el Antiguo Testamento. La palabra griega que se traduce familia es: Patria y aparece solo 3 veces en el Nuevo testamento.

¿Qué hombre en la Biblia tuvo 88 hijos?
En 2 Crónicas 11:21 se menciona que Roboam tuvo 28 hijos y 60 hijas. Un total de 88 hijos. Hoy en día sería imposible para este hombre financieramente mantener a tantos.

¿Qué letra del alfabeto hebreo está relacionada con el acto matrimonial?

En el hebreo los símbolos antiguos revelan una palabra escondida y una definición significativa. ALEF es la primera letra del alfabeto hebreo y parece la cabeza de un buey. El buey indica: ARAR. Es la penetración del arado (varón) a la tierra (mujer). Es el acto matrimonial.

¿Cuántos años más vive un hombre que bese a su esposa por la mañana?

Estudios realizados demuestran que aquellos hombres que besan a sus esposas por la mañana viven cinco años más que aquellos que no lo hacen. El 65 por ciento de la gente inclina su cabeza hacia la derecha cuando besa.

¿A qué se debe la expresión: “el amor es ciego”?

La gente que se enamora disminuye los niveles de la hormona serotonina. Por eso es tan fácil sentirse obsesionado cuando uno se enamora, pues los niveles de serotonina bajan, causando obsesión. Pero también se aumenta la producción de cortisol, la hormona del estrés causando: hipertensión y pérdida potencial del sueño. Y para empeorar la situación, el recorrido de los nervios que controlan el juicio social es suprimido. Todo esto explica la frase "el amor es ciego".

¿Pueden existir relaciones románticas destructivas?

Claro que sí. Un 40 % de las jovencitas, entre los 14 a 17, conocen a alguien de su edad quién ha sido golpeado por su compañero. Casi el 80 % de muchachas que han sido abusadas físicamente en sus relaciones íntimas continúan con su abusador. La Biblia dice que somos el templo del Espíritu de Dios y que debemos cuidarlo, por lo que no debemos permitir que alguien nos maltrate.

¿Qué tan alto es el porcentaje de infidelidad en nuestros países?

Casi un 70% de los hombres casados y un 60% de las mujeres casadas han sido infieles. Dos de cada tres matrimonios han sufrido de infidelidad.

¿Cuán frecuente es el divorcio a nivel mundial?

Hoy en día el nivel de compromiso matrimonial y el nivel de fidelidad han disminuido alarmantemente. Sabía usted que cada 10 a 13 segundos hay un divorcio en alguna parte del mundo?

¿Cómo pueden afectar los problemas conyugales?

Sabía usted que los problemas maritales conllevan a tener un decaimiento en el desempeño laboral, sobre todo en los hombres? Las personas que tienen problemas conyugales no resueltos sufren más de hipertensión, ansiedad y depresión.

¿A qué se debe que en los E.U haya cada vez más pobreza, problemas de salud, y comportamiento antisocial?
El conflicto matrimonial, el divorcio, y los nacimientos fuera del matrimonio han conducido a una generación de estadounidenses en gran riesgo de pobreza, problemas de salud, distanciamiento, y comportamiento antisocial.

¿Aparece la palabra divorcio en la Biblia?
Existen dos palabras hebreas ketitiuth y shalach, que se traducen divorcio. Otra en griego se refiere a la carta de divorcio: apostasium, y dos de ellas a separación o divorcio: afiemi y joritzo. Todas ellas se refieren a la separación y desunión matrimonial, un acto que Dios mismo aborrece: Malaquias 2:16 " Yo aborrezco el divorcio dice el Señor"

¿Es el matrimonio es una institución creada en la tierra que continuará en el cielo?
La aseveración de que el matrimonio es una institución creada en la tierra que continuará en el cielo es totalmente falsa. En Lucas 20:35 Jesús dijo que en la resurrección de los muertos la gente no se casara ni se dará en casamiento. También el Apóstol Pablo escribió en 1 Corintios 7:32: "La mujer casada está ligada a su marido por la ley mientras él vive; pero si su marido muere, queda libre para casarse con quien quiera, con tal que sea en el Señor."

¿Es válido ante los ojos de Dios el matrimonio de un creyente con un no creyente?

Aunque Dios manda en Su palabra que el creyente NO debe unirse en yugo desigual con un incrédulo, una vez consumado el matrimonio, para Dios es sagrado: en 1 Corintios 7:14 dice: "porque el marido no creyente es santificado por la mujer; y la mujer no creyente, por el marido. De otra manera vuestros hijos serían impuros, mientras que ahora son santos" por lo tanto, la unión matrimonial es sagrada, y los hijos nacidos de ella son santificados. Dios no desea que nos unamos en yugo desigual para que no suframos las consecuencias.

¿Existe algún mandamiento que guarde el matrimonio?

El séptimo y décimo mandamiento dados por Dios a Moisés, guardan específicamente el matrimonio. Éxodo 20:14 y 17 dice: "no cometerás adulterio y "no codiciarás la mujer de tu prójimo".

¿Prohíbe la Biblia el abuso físico y verbal?

Colosenses 3:19 dice: "maridos amen a sus mujeres como a sus propios cuerpos y no sean amargos con ellas." También la Biblia prohíbe el incesto en Levítico 18:6, "Ningún varón se llegue a parienta próxima alguna, para descubrir su desnudez". "Porque nadie aborreció jamás a su propia carne, sino que la sustenta y la cuida, como también Cristo a la iglesia." Efesios 5:29

¿Casarse en yugo desigual significa casarse con una persona de diferente raza o cultura?
Todos somos descendientes del primer hombre Adán y su esposa Eva. Todos pertenecemos a una misma raza. Lo que la Biblia prohíbe en 2 Corintios 6:14 es el matrimonio de un creyente en Jesús con uno que no es creyente.

¿Una pareja que ha tenido relaciones sexuales, pero que no ha observado ninguno de los otros aspectos del pacto matrimonial, está casada?
No es bíblico declarar que una pareja que ha tenido relaciones sexuales, pero que no ha observado ninguno de los otros aspectos del pacto matrimonial, esté casada. Escrituras tales como 1 Corintios 7:2, indica que el sexo antes del matrimonio es inmoral. No hay absolutamente ninguna base bíblica para que una pareja que tenga sexo sin estar casada, pueda declararse a sí misma como casada, y por lo tanto declarar que sus relaciones sexuales sean morales y honren a Dios.

¿Es el sexo prematrimonial tan malo como el adulterio?
La Biblia promueve la abstinencia antes del matrimonio. El sexo antes del matrimonio es tan malo como el adulterio y otras formas de inmoralidad sexual, porque todos ellos involucran tener sexo con alguien con quien no se está casado. El sexo entre un esposo y su esposa es la única forma de relación sexual que Dios aprueba (Hebreos 13:4).

¿Qué significa el término "una sola carne"?

El término "una sola carne" significa que la pareja se ha unido y no puede ser dividida. Dios decidió que sucediera así con la relación matrimonial. Ya no son más dos individuos tomando rumbos diferentes, sino que ahora son una sola entidad (una pareja casada). Emocionalmente, espiritualmente, intelectualmente, financieramente y en cualquier otro aspecto, la pareja debe convertirse en uno. Por supuesto cada uno mantiene su propia individualidad, pero unidos con un mismo propósito.

¿Qué es ser "ayuda idónea"?

La palabra "ayuda idónea" en hebreo es "ezer" y viene de la raíz primitiva de significa ayudar, asistir o auxiliar. Eva fue creada para estar al lado de Adán como su "otra mitad", su "complemento".

¿Es el enamoramiento el ingrediente primordial para que un matrimonio perdure?

El enamoramiento es pasajero. El más importante ingrediente es la obediencia a Dios y a Su Palabra. Otro principio que protegerá la duración de un matrimonio es que el esposo obedezca a Dios, en el amor, el honor y protección que debe brindar a su esposa como lo haría con su propio cuerpo. La esposa debe obedecer a Dios y sujetarse a su esposo "...como al SEÑOR". El matrimonio entre un hombre y una mujer es la ilustración de la relación entre Cristo y la iglesia.

¿Qué significa el pasaje en 1 Corintios 7: 15 que dice Pero si el no creyente se separa, sepárese, pues no está el hermano o la hermana sujeto a servidumbre en semejante caso, sino que a vivir en paz nos llamó Dios.?

Los comentaristas están prácticamente de acuerdo, que las dos palabras: *"servidumbre"* y *"ligado"* (vss. 27, 39) tienen la misma raíz *(deo)*, lo cual demuestra su parentesco. Así que, parecería natural creer que, cuando dice: *"no sujeto a servidumbre"* en el v. 15, es decir: *"no ligado"*. Tal como el uno es "ligado" (en matrimonio), el otro es "desligado" (en matrimonio), indicando de esta manera la disolución del vínculo matrimonial.

¿Se puede disolver un matrimonio?

Existe la posibilidad de que el ideal matrimonial de Dios sea modificado y / o destruido por el hombre pecaminoso. La Biblia reconoce el divorcio y la disolución de las relaciones matrimoniales. La fornicación (porneia) y la deserción premeditada constituyen causas escrituralmente legítimas para la disolución de la relación matrimonial. Sin embargo, debe enfatizarse que tal disolución no es conforme a la perfecta voluntad y el propósito benevolente de Dios.

¿Qué dice el Nuevo Testamento del re-casamiento?

En el Nuevo Testamento hay varios pasajes que hacen referencia a el volver a casarse, bajo ciertas situaciones:

Viudas y viudos. Para tales personas el casamiento ni se manda, ni se prohíbe. Se acepta como un privilegio y es un asunto de sabiduría y conveniencia humanas (Ro. 7:1-14; 1 Co. 7:6-9).

Personas divorciadas por causa de fornicación o deserción irresponsable. En esto la Biblia guarda silencio. El re-casamiento no se manda ni se prohíbe. En las palabras de Cristo en Mateo 5:32 y 19:1-9 no hay nada que prohiba que personas, divorciadas por causa de PORNEIA, vuelvan a casarse. Esto es un asunto de conciencia personal delante de Dios y de la sociedad.

Los que fueron divorciados por causas que no sean las de fornicación y deserción.:

El divorcio viola el orden de la creación de Dios (Mc. 10:6-9). Constituye una transgresión de una ley básica de Dios, quebranta una institución divina y destruye un ideal divino. Luego, como lo enseña Cristo, llega muy fácilmente a ser causa de adulterio (Mt. 5:32b). La misma actitud y veredicto son expresados por Pablo en 1 Corintios 7:10-11. Lamentablemente, El recasamiento de los que han sido divorciados por otras causas, que no sean las de PORNEIA y deserción, constituye adulterio. el recasamiento de dos personas divorciadas ilegítimamente es llamado “adulterio” .

¿Pueden las personas que han sido divorciadas y recasadas ser admitidas en la iglesia como miembros?

Claro que sí Si ha habido arrepentimiento del pecado de fornicación y adulterio, son totalmente perdonados por Dios . Como lo dice el apóstol Pablo en su carta a los Corintios: *¿No sabéis que los injustos no heredarán el reino de Dios? No os engañéis: ni los fornicarios, ni los idólatras, ni los adúlteros, ni los afeminados, ni los homosexuales, ni los ladrones, ni los avaros, ni los borrachos, ni los maldicientes, ni los estafadores, heredarán el reino de Dios. Y esto erais algunos de vosotros, pero ya habéis sido lavados, ya habéis sido santificados, ya habéis sido justificados en el nombre del Señor Jesús y por el Espíritu de nuestro Dios." 1 Cor 6:9*

La situación es diferente cuando esto sucede entre cristianos. En **1 Corintios 5:11** leemos de la siguiente manera: *"Más bien os escribí para que no os juntéis con ninguno que, **llamándose hermano**, sea fornicario (pornos), avaro, idólatra, maldiciente, borracho o ladrón; con el tal ni aun comáis..."*

¿Pueden los divorciados ejercer un ministerio en la iglesia ?

Cada iglesia tiene sus propios reglamentos al respecto, sin embargo, la palabra de Dios nos deja saber los requisitos para cualquiera que desea "obispado" o un oficio en la iglesia.

Hombres (varones) de buen testimonio, llenos del Espíritu Santo y de sabiduría Hechos 6:3

Marido de una sola mujer (fiel a su esposa) , prudente, vigilante (nefalios: abstenerse de vino o licor por completo) , sobrio (sofron: de mente sana, que tiene dominio propio y controla sus deseos e impulsos y es discreto), decoroso (kosmios: modesto, bien arreglado), hospedador (generoso con los invitados), apto para enseñar (que tiene destreza y aptitud); Ser ejemplo en Palabra, conversación, caridad, espíritu y pureza 1 Timoteo 4:12

Bibliografía

Benner, Jeff A. ***Lenguaje de Hebreo Bíblico Antiguo de la Biblia***

Biblia Reina-Valera revisión 1995 Study edition. United Biblical Society (Spanish version)

Britannica Encyclopedia, INC 1997

Carly Wickell, **Regalos de Aniversario Tradicionales**

De Urbina, José M Pabón S. ***Diccionario Griego clásico*** – español 19va Edicion, 2006

La Cueva, Francisco. ***Nuevo Testamento Interlineal Español-griego*** Editorial CLIE, 1984

Liddell, Henry George. Robert Scott. A ***Greek-English Lexicon***. revised and augmented throughout by. Sir Henry Stuart Jones. with the assistance of. Roderick McKenzie. Oxford. Clarendon Press. 1940.

Pabón de Urbina, José ***Greek-Hebrew-Spanish-English Manual Dictionary*** VOX 1991

Paiva Parraguez, Jorge. ***Monografía sobre la Personalidad***

Strong, James, Strong's Dictionary **Complete Dictionary- Strong Bible Words** LL.D SS.T.D 1996

Wayne Grudem, ***"Significa kefale ("cabeza") fuente o "autoridad" en la literatura griega?*** A Survey of 2,336 Examples," *Trinity Journal* ns 6.1 (Spring 1985): 38-59.

Para mayor información con respecto
al ministerio
Libres en Cristo Internacional
(Free in Christ Ministries International)

por favor póngase en contacto con :
Jorge y Lorena Gamboa
"de pareja a pareja"
www.deparejaapareja.com

Para invitaciones a actividades de matrimonios y de familia por favor comuníquese al:
713-469-5920

O escribanos a: ficmi@yahoo.com

"EL Arte de Criar a los Hijos".
ISBN: 978-0-9824981-3-2
Sabia usted que según la Biblia hay una técnica especifica para criar hijos obedientes? Sabía que en el original hebreo y griego se nos dice hasta las edades y como tratar con cada una? y que de la vara? sabia que era solo para un tipo de hijo?

Cómo lograr la obediencia en los hijos? Mi hijo es hiperactivo... mi hijo no obedece...que hacer?

Realmente dijo Pablo que las mujeres no predicaran ni hablaran en la congregación? A quienes les estaba hablando? Por qué Pablo utilizo la prohibición: Yo no permito a la mujer enseñar al hombre? Que significa "usurpar autoridad" en el griego koiné antiguo? Puede la mujer enseñar? Y que del uso del velo? Y por otro lado, quien es la cabeza? Y que es ser cabeza? Puede la mujer ser cabeza? Todas estas preguntas fueron cubiertas de una manera seria y apegada a la palabra de Dios
ISBN: 978-0-9824981-4-9

Otros libros disponibles

Otros libros disponibles

Esta historia es verdadera y es una historia de amor y de lucha. De perdón y de nuevos comienzos.
Cuando uno le da la oportunidad a Dios de tocar nuestras vidas con Su amor y el Poder de Su Presencia, todo cambia alrededor. Si alguna vez te has sentido deprimido, abandonado, herido y maltratado, esta historia puede ayudarte a conocer a Aquel que quiere cambiar tu vida por completo...

© 2009 "Por el poder de Su presencia"
ISBN # 978-0-9824981-0-1

© 2009 "Como ser un José de este siglo"
ISBN # 978-09824981-2-5

Este libro consta de 10 capítulos ricamente desglosados y fundamentados con mas de 15 fuentes seculares y papiros egipcios que reafirman la existencia de José, el hijo de Jacob. Es un análisis exhaustivo de la historia de José con aplicaciones actuales útiles para la familia y la crianza de los hijos.

Un libro que no puede faltar en tu biblioteca personal.

Otros libros disponibles

Siempre habrá tormentas, y tornados en nuestra vida. Por eso hay que hacer un plan de emergencia para poder sobrevivir a esos eventos dramáticos. La tormenta no es lo importante, sino nuestra reacción en medio de la prueba. La tormenta no es lo que generalmente nos destruye sino lo que viene después. ¿Cómo te preparas para esas situaciones de desastre en tu vida? Hemos plasmado 21 años de vida matrimonial en este libro y definitivamente VALE LA PENA continuar hacia la meta que una vez nos trazamos como matrimonio. Te animamos a hacer lo mismo.

ISBN13: 978-0-9824981-1-8

Únete a nuestra Red Matrimonial!